U0737508

博赞的艺术

马晓云 ⊙ 编著

怎样才能获得肯定和赞美？如何才能受到器重和欢迎？
失败，源于不会博赞！

中国言实出版社

图书在版编目（CIP）数据

　　博赞的艺术 / 马晓云编著. -- 北京 ：中国言实出
版社，2014.12
　　　ISBN 978-7-5171-1018-7

　　　Ⅰ.①博⋯　Ⅱ.①马⋯　Ⅲ.①心理交往－通俗读物
Ⅳ.①C912.1-49

中国版本图书馆CIP数据核字（2014）第293203号

责任编辑： 郭江妮

出版发行　中国言实出版社
　　　地　　址：北京市朝阳区北苑路180号加利大厦5号楼105室
　　　邮　　编：100101
　　　编辑部：北京市西城区百万庄大街甲16号五层
　　　邮　　编：100037
　　　电　　话：64924853（总编室）64924716（发行部）
　　　网　　址：www.zgyscbs.cn
　　　E-mail：zgyscbs@263.net
经　　销　新华书店
印　　刷　北京紫瑞利印刷有限公司
版　　次　2014年12月第1版　2014年12月第1次印刷
规　　格　710毫米×1000毫米　1/16　15印张
字　　数　260千字
定　　价　35.00元　　ISBN 978-7-5171-1018-7

前　言

我们在工作和生活中避免不了同别人打交道，而同别人打交道赢得别人的好感和认同就很重要。当我们看到别人一个赞许的目光和听到一句表扬的话语时，事情往往会朝着那个方向发展，从而达到我们最终的目的。所以，我们必须学会同别人打交道，只有这样，才能获得别人的认同；只有这样，才能获得别人的信任。

学会同别人打交道，博得别人的赞誉，也是一门学问。

首先，当你刚刚踏上社会的时候，你需要面对复杂的人际关系，不要苛求周围人，因为社会远比你想象中的要复杂，想要在社会中游刃有余，如鱼得水地行走，还需要掌握一定的策略，顾及到生活和工作中的方方面面。

其次，你需要做足人情，要了解人心，人情是人际关系运作的轴线，人与人之间时时刻刻都有着人情交易，而清楚地洞悉人心，才能做到人情练达，攻城为下，攻心为上。以人心始，以人情终，以人心着眼，以人情为皈依。

再次，你需要三思后行，与人交往，最忌讳冲动。歌德曾说："决定一个人的一生，以及整个命运的，只是一瞬间。"往往一瞬间的冲动，就会毁了自己的一生，所以我们在与人打交道的时候，不妨多考虑一下后果，做到"遇事休冲动，三思而后行"。

最后，你需要学会隐藏自己。天真的人"心口如一"，想什么马上就要表达出来。让人一碗水看到底之后，你的能力和智慧就会受到怀疑，不要让人把你看得太透彻。适时保留意见才能自如地行走于社会。

只有学会了这些，我们才能在和别人打交道的时候如鱼得水，才能博得别人的信任，才能得到别人的认同。

本书就是从这个角度出发，分别从十二个方面向读者展示了赞誉别人获得成功的方法，通过阅读本书，读者可以逐步提高和改变自己，从而让成功离自己更近一点，从而能够更早地攀登上人生的珠峰！

目 录

第一章　涉世之初，你需要顾及方方面面

第二章　洞悉人心方能做足人情

第三章　三思而后行，切忌冲动

第七章　应对朋友，你需要精心维护

第八章　应对亲邻，正确处理关系

第九章　应对初识者，让他变成你的朋友

第十章　应对领导，把握好机会

第十一章　应对下属，让下属心悦诚服

第十二章　应对同事，赢得他的好感

第一章

涉世之初，你需要顾及方方面面

　　人生路漫漫，何曾有坦途？每个人的一生中都难免会遇到一些不如意的事情，贫穷、疾病、厄运、失败、困难、挫折、磨难、彷徨……即使不会遇到大坎坷，也会遇到小曲折。很多人悲叹生命的有限和生活的艰辛，却不知人生本就是一场修炼。只有深谙其中道理的人才能找到真正的快乐，从容走自己的路，做自己喜欢的事。

职场之中，你不再是孩子

很多人初入职场都会犯一个致命性的错误，那就是总把自己作为中心，认为一切人与事物都得围着自己转，工作中稍有不满意就会耍脾气，满怀激情地入世却背负着严酷的教训走回家中，天真的以为可以大显身手，再也不用向父母伸手要钱了，可最终还是逃避不了现实的教训。步入职场，你就不再是个孩子了，要用成年人的思维冷静地面对你所遇到的每件事，只有经历过磨砺才能适应社会。

刚毕业的大学生王丹应聘做公司的文员刚3个月，眼看着为期3个月的试用期要结束了，结果却被公司通知不予录用。在王丹问人事经理自己被炒的原因时，她被告知："工作中太爱撒娇，不够负责任，缺乏职业精神，过于孩子气。"由于王丹的幼稚，结果被公司拒之千里之外。幼稚，天真，孩子气有时是一种好事，但是当你把这些都带入工作中，却不是青春活力的象征了，相反，在成年人身上，它是一种负面的性格，通常表现为任性、耍小脾气、变脸像小孩一样快、心理承受力差、好高骛远、不懂交往礼仪，甚至有些无理取闹。只要踏入社会，其他人和你处事就会按照成人的标准来要求你。此时，这种性格当然是不被人认可的，因此，它是让年轻人感觉痛苦的主要原因，也是年轻人刚入社会的一个大毛病，这个问题会阻碍年轻人以后的发展。因此，初入职场的你切忌一意孤行，以自己为中心，要知道在社会中没有人会像父母一样庇护你，只有自己成熟起来，用冷静、客观的心态对待工作，才能在职场中取得一番成绩。

李华毕业后在一家广告公司工作。对于这份工作，她开始还很有激情，可是前段时间发生的一件事让她对工作彻底失望了。李华嘴很甜，上司开始的时候很喜欢她，在上班时间她喜欢和其他女孩一起唧唧喳喳，上司也很少批评她。但是在工作时间闲聊肯定会影响工作，而且李华对工作没有什么时间观念，她完成任务总是比别人晚。一天开会的时候，上司说了她两句，没想到，她当场就委屈地哭起来。上司劝也不是，不劝也不是，只好尴尬地愣在那。同事哄了她半天，她情绪才好一点儿。经过这次事件，上司不再批评她了，但是大家好像都躲着她。而且每次谁和她说话时间有些长，都会有同事提醒："别打扰她了，让她好好工作吧。"简直把她当成小孩子一样，连哄带骗的。她想，再这样下去恐怕心爱的工作就要对自己说再见了。在工作中，困难是不能避免的，关键是看你以什么样的心态去面对，遇到问题就像小孩子一样哭闹，是一种极度可笑的做法。

小波是研究生，在学校是出了名的才子，但是开始工作后，他觉得自己不"受宠"了。他的工作无非是接打电话、收发邮件等。在他看来，这种工作初中生都能做，何必浪费他的时间。而且和他一个部门的人很多只是大专学历，虽然他也算是鹤立鸡群，但在工作中并没有显示出自己的优势，这让他感到很不平衡。当他和老板提出这个问题时，老板告诉他，新人就应该从基层做起，这样才能充分了解公司的运营情况，熟悉公司的业务，而且这也是考察新人的一种手段。

许多年轻人在走入社会之前，都会产生一些美好的幻想，对自己的未来期望过高。要知道刚进入社会就拥有高于他人的地位，这种想法太不现实，而且也没有人喜欢好高骛远的人。当他们按照自己的幻想对比现实时，多数会有一种失落感，觉得生活不如意，工作也不顺心。而他们又很自然地以各种形式把这种不顺心表达出来。然而他们忘记了，社会不是家庭，自己不再是家中的太阳，在社会里拼搏势必受挫。

人际关系，比你预期的还要重要

一个人在社会上生存，人际关系是必不可少的。良好的人际关系，可以使你更轻松地进行社会活动、人际交往以及办理各种不好办的事。现代社会是瞬息万变的，下一秒将会遇到什么事情谁都不知道，说不定什么时候机遇或厄运就会降临到自己身上。人们常说："在家靠父母，出门靠朋友。"这句话很有道理，多个朋友就多一条路，多一个选择，你成功的可能性也就越大。有朋友的帮忙总是好事。

有人说："朋友也要看是什么样的朋友，没有利益冲突还好，一旦只剩下竞争和敌人，就没有朋友了。"这话乍听起来好像有几分道理，事实上如果真的照做的话，只会让我们处处碰壁。

精明的温州人说："一个好汉三个帮，广结朋友等于给自己的发展编织网络。今天的竞争对手，明天也许就是合作伙伴，所以我们只管结交朋友，而不是一有利益分歧时先想到和朋友翻脸。"

再强大的人都是需要别人来帮助的。也许你今天很强、很能干，可是人总会遇到自身能力无法克服、无法解决，必须借助外界力量帮助的情况。可能帮助你的人或者被你帮助的人平时不一定是你最认可的人，可他却是你最需要的人。人是最大的资源，无论做什么事情都要有人的因素。失去金钱，你能再积累，甚至是一夜暴富。而失去朋友，则没有从头再来的机会了。

精明的温州人十分重视人际关系，他们时时处处都在为自己发展人脉网络。

2001年7月，《温州日报》曾经报道了一件怪事：一些温州人居然在当地媒体上说要开门收徒，传授他人创业经营之道。

原来，一个下岗工人想学做鞋类的生意，希望自己能够在经营上学到一些经验。于是就向宜昌温州商会求助，希望有人愿意收他做徒弟。后来有几位商人都答应了这个要求。温州商人要收徒的事经当地媒体报道，一石激起千层浪，很多宜昌人都想拜温州商人为师。

宜昌政府对此十分支持，因为在宜昌的1万多温州人在自己的行业内都做得非常不错。有政府出面支持，很多温州商人都纷纷招收徒弟，甘愿传授经商之道。

陈铄荣是第一个在媒体上亮相招收徒弟的温州商人。他说，收徒弟不是找打工的人，也不是招生意合伙人，而是要真心传授他经商之道，把温州人的观念植入宜昌人的头脑中。如果能借此带动当地市场经济的繁荣，那是最好不过的。假如徒弟们学得好，不出两年时间，徒弟们就有能力独立经营一个店了。第一位被温州商人招为徒弟的李君阳在老板的带领下，学习了很多经商之道。他对温州老板做事的快节奏和对客户的诚信度感触颇深。

虽然很多人认为温州商人收的徒弟在学成后，他们就成了竞争对手，对温州商人来说这甚至可以说是构成一种威胁。可是精明的温州商人却不这么认为，他们说："多个朋友是好事。假如可以培养一些相关的人员，建立合作同盟的关系，这也不失为一种经商的好策略。"

真正精明的人不但重视人际关系，甚至连竞争对手都敢培养，试想，即使这类竞争对手真成了事，靠的也是良性竞争，而非要什么手段。而且即使双方真竞争到桌面上，又有几个不对前辈礼让的呢？一个人的力量毕竟是有限的，哪怕有三头六臂，又办得了多少事？要成大事，得靠和衷共济。

人际关系在社会生活中起着非常重要的作用，可是年轻人往往因初入社会，并不善于处理人际关系。很多年轻人说在社会上很累，其实累就累在"人际"上，有些年轻人甚至对"人际"畏惧三分。这种畏惧心理很可能是多年积累的结果，虽然很难在短时间内改变，可是你还应鼓足勇气，以积极的态度去面对别人。平时多观察别人是如何交流和沟通的，然后你至少可以学着他们的样子谈论一些让别人感兴趣的话题。不要认为这是讨好别人的表现。事实上，如果是你一个人的时候，你孤傲也好，清高也罢，喜欢独处是你自己的事情，别人无权干涉你。可是在人群中，你不得不和别人打交道。所以你必须学会改变自己，尝试主动和别人多交流沟通，最大限度地求同存异，尽可能拥有一个良好的人际网。这样不但有利于提高你的好人缘，也有利于你个人的才能得到尽情的发挥。做到和别人打成一片并不难，只要你表现得真诚、友善，适时地帮助别人即可。

还有的年轻人认为，对人际网络进行投资是浪费。这种想法是极端错误的，谁能一辈子不求人或被人求呢？如果没有一张人际网络，在你需要帮助的时候，谁会站出来帮助你呢？而人际网络是需要你用心去呵护的。所以平时你应该注意自己的言行，要处处结友，而不是在无意中为自己树立敌人，这无疑是阻碍自己的前途。以下是怎样"结网"的几个秘诀。

（1）乐于助人。这是和人交往时很容易做到且能够得到别人好感的方法。在自己力所能及的时候，为身边的人解决一些小问题，你就会在不知不觉中和大家融在一起。也许这时你会惊喜地发现"团结就是力量"的真理。

（2）俗话说："有付出才有回报，天下没有免费的午餐。"与其等着别人来帮助自己，不如先主动去帮助他人，这样在你需要帮助的时候，贵人才有可能出现。要拿朋友的事情当成自己的事情，在你需要帮助的时候，朋友才会拿你的事情当成自己的事情。没有人帮忙和支持，即使有天大的本事，遇到难题有时还是过不去那个坎的。

（3）不要和人失去联络。不要等到需要帮助时才想起和别人联络，这种"突击型选手"往往是很容易惹人讨厌的。因为你平时没有和朋友保持联络，现在有事了，才提前预热一把，会让人觉得你很势利。当你半年都没有与一个朋友联络的时候，你很可能就要失去他了。所以平时多和认识的人联络，多打几个电话，不仅可以维系旧情谊，还可以扩张自己的"情面"。当然，联络也要选好时机，有些人是"大忙人"，白天打电话给他，他在开会，晚上他又在应酬，太晚了当然不妥，所以找傍晚打是比较合适的时机，刚好是下班后晚饭前的时间，这也算是见缝插针吧。

（4）记录"关系"进展情况。如果你的关系网足够大，那么就要像记日记一样记下别人的姓名和联系方式以及你对他的看法和日后的联络之道，这样才能在需要帮助的时候找到最适合帮助你的那个人。

（5）不要急于求成。做推销的之所以让人觉得讨厌，因为他希望你在非常短的时间内买下他的东西。拓展人际也是这样，假如盲目地向前冲，别人一下子就会看出你"不择手段"，所以只会离你越来越远。记住：织网是个长线的工作。

互惠互利，想要取之必先予之

"将欲取之必先予之"这句话出自《道德经》第36章："将欲去之，必固举之；将欲夺之，必固予之。"后两句的意思是：想要夺取它，必须暂时给予它，没有付出，就不会有回报。这也可以用在生活和工作中，也就是我们所说的互惠互利。

玲珑是海南人，她是个心思很活的姑娘。上了两年班后，自己经营了一家鲁菜馆。刚开始的时候，来店里的客人不是很多，玲珑在上街时无意中发现，很多来本地观光的游客常常在买完东西后问老板餐厅在哪儿。于是玲珑找到一家看上去生意不错的服装店，跟老板商量，想让老板在游客来时推荐她的餐馆。

老板似笑非笑地看了看玲珑，玲珑马上明白了老板的意思，毕竟两个人根本谈不上认识，无论在哪方面都不该有交集，人家自然没有必要白白帮忙。于是玲珑立刻对老板说："当然，您看您的衣服都这么时尚，我也会极力向客人推荐您的服装店的，相信这样一来，我们两家的生意都会更好的。"老板想了想，答应了玲珑的要求，两家店互换了名片。

一次，有位游客来海南旅游，逛到这家服装店时，他感觉到有点饿了，于是问老板："除了这条街以外，附近有哪个饭馆的菜好吃呢？"

虽然游客并没有买他的东西，但老板仍然热情地告诉游客："过了这条街，有个蓝天鲁菜馆。不远，差不多走10分钟路就到了，而且那里是全城最好吃的鲁菜馆。"当游客抵达时，餐厅里挤满了人。可是，服务员还是为他找到一张不错的桌子，这位游客在那里消费了100元。

当这位游客用完餐结账时，服务小姐热情地对他说："先生，谢谢您的光临，难得来一次这里，如果您想带一套衣服回去送给您的女朋友，我推荐您去这家服装店，它可是全城最物美价廉的时装店，这是他们的卡。"说完，服务员就递给游客一张名片。后来游客才发现，服务员说的这家服装店就是自己刚走出来的那家。事实上，当然有些人不会去，但一定会有人因为服务员介绍了就去光顾的。这样一来，两家店的生意都非常好了。

一代"红顶商人"胡雪岩曾经说过："在商言商，人生是一场交易，只有赢利或亏本，没有其他东西存在。"事实上，并不只是生意人如此，朋友间也是如此。在替人做一件事情前，谁不会掂量一下自己将要得到的好处呢？只不过朋友之间可能没有那么赤裸裸地说出来罢了。有人说，中国人凡事都讲感情，其实，这是不对的。中国人是讲人际关系，并不是说为了感情就不顾其他了，精于处世的人知道一个道理：感情之中也是有所计较的。

每种人际关系其实都是一场交易，只不过交易的东西不同而已，有的人是以感情交换感情的，而有的人则是以利益交换利益的，不管是哪种交易，大家都是在乎好处的，不可能说我帮了你，既不求报答、不求结交你这个朋友，也不求心理上的满足，这世上没有无缘无故的爱。人们在做每件事时，在潜意识中都是有所图的。毕竟，人际交往讲究的是互惠互利。有句话说：帮助他人其实是在自己的人情信用卡中储蓄，特别是在他人患难之时伸出援手。救落难英雄于困顿，一旦对方翻身之后，他必定会回报你的。如果你认同这句话，又岂能说自己无所图？

人际关系心理学家指出：互惠互利是人们交往的基本原则。互惠互利原则，既是指物质方面的，也是指精神方面的。很多人受传统观念的影响，在交往时喜欢谈人情，而忌讳谈功利。实际上，人和人之间的交往需求是多层次的。它可以粗略地分成两个基本层次：一个层次是以情感定向的人际交往，像亲情、友情和爱情等感情；另一个层次是以功利定向的，指为了实现某种功利目的而交往。也就是说，在人们的交往过程中，有时是为了满足物质需要，有时则是为了满足精神需要，但人们最初的动机还是希望从交往对象那儿得到自己需求的精神上的或物质上的满足。按照人际交往互惠互利原则，建立良好的人际关系应采取的策略是既要感情，也要功利，不然人际交往极有可能中断。

有些年轻人经常抱怨别人不够意思，不讲交情。事实上，这种抱怨也是因为别人没有满足自己的某种要求所致。所以，一味追求所谓的"没有任何功利色彩的友谊"是非常不现实的，我们大可不必轻率地抱怨别人"不够意思"，因为互惠互利是人际交往的一个基本原则。如果你想在交往中得到帮助，要本着这条基本原则，在交往中积极付出，这样才能满足交往对象的需要，毕竟在你衡量别人付出的时候，别人也在衡量你的付出。就像一句古话说的"将欲取之，必先予之"，只有这样才能交到对我们有帮助的朋友。

正所谓"送人玫瑰，手有余香"，这一点在社会中表现得很明显。也许有人帮了我们，图的就是余香，这就是"好处"所在。所以在接受帮助或者请人帮忙时，不要忘记给人一些互惠的承诺，让对方知道，你是值得帮助的。"怎么去就怎么回来"，这是待人接物亘古不变的道理。

想要立足，需学会接受"人情债"

年轻人初入社会，常用"钱债好还，人情债难还"、"人情紧过债"勉励自己，以让自己清者自清，怕在心理上欠了他人的人情比欠钱的负担还要重。的确，因为欠钱好算也好还，但是欠人情不好算，也不好还。可是也不能因为这样就与所有人断了来往，断了接受帮助或者帮助他人的想法，这样做只会让自己偏离社会。

俗话说："孤掌难鸣。"一个涉足社会生活的人，一定会有寻求他人帮助的时候，也有借他人之力方便自己的时候。一个没有多少能耐的人必须这样，一个有能耐的人也必须这样。不过，如果对方大多都是不太熟悉的人、关系很一般的人，他们大多都不能实际地帮助你。"他人"中只有一种人能够实际地帮助你，这种人都是与你感情上有牵扯的人，也就是你的人脉网。

有人问："一只年老的蜘蛛和一只年老的青蛙有什么区别？"这个问题的答案是：年老的蜘蛛能舒舒服服地趴在网上，有东西撞上来时可以饱餐一顿，而年老的青蛙则因腿脚不灵便，没办法再像从前一样跳着捉虫子。可怜的青蛙因为仅发挥了个人的力量，所以生活得艰辛；而蜘蛛除了发挥个人的力量之外，更懂得用外延力量，所以生活得轻松。假如不能像蜘蛛一样有一张庞大结实的人脉关系网，一旦你要找人帮忙时，极有可能发现自己是孤家寡人。如果你的人脉网够大，哪怕朋友帮不上忙，朋友的朋友或许也会帮你的忙。

记住，在社会中你不可能做到万事不求人，求人与被求是交际的常态。假如本着不求别人也不帮别人的想法对人，是很难在社会中生存下去的。所以我们应该学会接受"感情债"，不管我们是施者还是受者。

其实，在社会中的难题归根结底就是和人打交道。人情的投资就是人脉的建立，人脉是一个人发展的关键。尤其是刚进入社会的年轻人，如果在人情方面投资得多，那么这个人一定给人讲义气、够朋友的感觉。如果他把金钱或利益看得比一切都重要的话，别人对他的印象也只能停留在唯利是图的层面上。在很多人眼中，这样的人只和钱关系好，眼里只认得金钱和利益。试想，谁愿意和这样的人做朋友呢？即使和他打交道，也只是表面上的往来。

人情投资其实比利益更重要。人情投资，才是个人发展的命脉所在。朋友有困难的时候，帮忙非常必要，即使这个朋友和你的关系不是很近，只要有能力还是要帮一把，在人落难时帮助别人无疑是人情投资的最佳时刻。人情投资做得好，社会关系自然就很顺了。如果我们选择目光短浅地只看眼前的利益，不会做人情投资，那么在需要帮助的时候，自然也不会有人对我们"投资"了。

马明因为家里有事，急需用钱。他在半夜里打电话给朋友说他想借1万元急用。结果他一连给四五个朋友打了电话，都没有把钱借到。事实上，马明清楚这些朋友并不是手头没有闲钱，只是嘴上说钱都借给别人了。他在感叹人情薄如纸的时候，也为自己以前的行为感到后悔了。

其实，一个人在危难的关头，没有人肯出手相助，并不真的都是因为世态炎凉，也可能是这个人本身有问题。实际上马明是个非常理智、聪明的人，他认为和朋友们牵扯过多会让朋友沾自己的光，他不愿意白白帮助别人。当然，他也从不接受朋友善意的帮助，认为这样会欠人家情，怕朋友以后以"人情债"找他帮忙。

有一次，一个朋友家中接到拆迁的通知。这个人家里四口人挤在一间不足40平方米的小房子里。按照规定，一旦拆迁，就能住到80多平方米的新房里。负责这个房产项目的人正巧是马明的熟人，于是朋友就托马明帮忙，看能不能提前交一些钱，换一所面积大点的房子。

马明听了朋友的想法以后，满口答应朋友说一定会帮这个忙的。可是，他自己在心里一合计，觉得现在的房价非常高，帮这样的忙自己划不来。毕竟自己和这个朋友之间没有过多的来往，现在更没有必要再花代价去欠这个人情。况且，自己跟熟人去说，岂不是欠了人家更多的"债"？于是，马明又以各种理由回绝了朋友。

现在，马明有急事了。在求助无门之后，他听说这个朋友现在赚钱了，无奈之下就想找他借些钱。于是他打电话约这位朋友吃饭。朋友当然也知道马明家里有急事，并且找其他朋友借钱未果，于是立刻借钱给他。马明对这个朋友非常感激，并且对自己以前的行为充满歉意。

事实上，很多人都曾因为不肯帮助别人而在求助于人时吃了闭门羹，眼睁睁地看着自己走下坡路。做人何必如此，能帮人时且帮人岂不更好？就如同马明的朋友，下次如果他再落难求助于马明时，马明怎么可能不帮？所以无论是施与受，帮助别人都不会吃亏。有些年轻人认为社会是个利益场，在没有利益关系的时候，人情的投资是没必要的，但事实往往告诉人们并非如此。

"人情债"既然是债，我们自然不能忘记。比如不要把别人曾经的帮助抛之脑后，否则会落得"白眼狼"的称谓。在生活中，我们要树立这种观念："有能力时多帮助别人，需要帮助时就求助，但至少不能随便接受他人的帮助。"以这种态度与别人交往，我们的心中才能坦荡、踏实。

积累资本，别人才会对你感兴趣

一块砖头有立起来的可能，可是一坨泥巴无论怎样也站不起来。人也是一样，自己有自立的愿望和资本，别人对你的帮助才有作用，不然一切都是白搭。而这一切的前提是，不要让别人觉得你一无是处。

许多初入社会的年轻人都在抱怨，自己在社会上没有用武之地，在大学校园里的佼佼者出来就默默无闻了，朋友不好相处、公司环境不好、工资太低，于是整日哀叹命运不公，满腹牢骚却不思进取。然而他们忘记了，如果自己连一点让人看中的资本都没有，别人怎么会对自己感兴趣呢？与其那么抱怨不如改变，因为抱怨只是一种情绪的发泄，于事无补，不停地抱怨，只能放大原来的烦恼，没有人愿意成为他人的一枚棋子，自尊总让人期待他人的仰慕和尊重。抱怨的人总会把厄运或责任推到命运或者其他人身上，却从未想过让自己拥有改变厄运的资本。自己没有资本，别人是不会对你感兴趣的，如果有时间去抱怨，还不如抓紧时间来提升自己的能力，只有这样别人才会重视你。

一位总埋怨得不到老板重用的职员对朋友抱怨老板的不公正，决定愤然离开公司。朋友就问他："如果你离开公司将会对老板有多大影响？"职员说："没有影响，老板根本不重视我。"朋友故意说："你就这样离开公司，也太便宜了老板。倒不如这样，你继续在公司干下去，并尽可能多地掌握公司的技术和业务等各方面的信息，等到你掌握得差不多的时候，你再向老板提出辞职，这时公司的损失就大了。"这位职员觉得朋友提出的建议很有道理，就听从了朋友的建议，留了下来，并私下学习了很多东西。过了很长一段时间，一天朋友遇见他，问起他现在在哪里工作，他说还在原来的公司。朋友奇怪地问道："难道这么长时间了你还没有完全熟悉公司的业务吗？"这位职员回答："你说的恰恰相反，我尽最大的努力掌握公司的技术和熟悉公司各方面的业务，可问题是老板他已经给我升职加薪了。"朋友听后哈哈大笑。

这个人最终没有离开，主要是因为不再抱怨和发牢骚，而是把精力放在提升自己上。当人们只会抱怨，却不是积极地投资自己和提升能力时，他本身的资本也就退化了。而当你不再给自己充电的时候，很可能过不了多久就有人来接替你了。另外，除了有资本之外，还要想办法让别人看到我们的资本，现在好"酒"太多，巷子太深毕竟不是件好事。

赵先生在合资公司做白领，觉得始终没有为自己的满腔抱负赢得机会，始终没有得到上级的赏识。他经常想：如果有一天能见到老总，在老总面前有机会展示一下自己的才干就好了!赵先生的同事李先生也有同样的想法，但他做的更多一些。他去打听老总上下班的时间，算好他大概会在几点几分进入电梯，然后他也跟上去，希望在电梯里能够遇到老总，可以有机会打个招呼，加深自己在老总心中的印象。他们的同事马先生则比李先生又进一步。他做了更多的功课，详细地了解到老总的奋斗历程，他弄清了老总是从哪个学校毕业的，老总日常交往的人际风格，老总日常关心的大大小小的问题，还特别细心地设计了几句简单却有分量的开场白。在算好的时间里去乘坐电梯的时候，在跟老总打过几次招呼套近乎后，终于在某一天有了跟老总长谈的机会，这次的长谈让老总认识到马先生的能力，不久之后马先生升职了。

如果你感觉现在工作得并不快乐，而且觉得上司或老板无视你的辛苦，问题很可能在于你不够精明。你努力工作了，并不代表为公司创造效益了。如果你仅仅是在职场上做一个"苦力"，那么你加薪和升职的可能性就太小了。一个聪明人不仅要努力工作，还要把能力体现在明处，这样才能让自己在职场中行走自如。

事实证明，别人越是关注你，你成功的机会就越大。当然，我们所说的优势并不仅指"硬件"上的优势。学历、技能固然是一种本事，可是它也不能成为唯一被人关注的焦点，比起社交中的其他方面，学历等硬件有时甚至是微不足道的。

比如在聚会中，谈吐文雅和风趣幽默的人远比学历高的人被他人关注，善于交际的人远比空有技能的人拥有好人缘和成功的本钱。最现实的例子就是许多高学历、高能力的人却脱不开打工者的身份，而很多当老板的人则可能只有小学文化，所以说学识渊博或者能言善辩并不一定就是"资本"，它也不一定会让你成为一个受欢迎的人。这些所谓的"资本"都只是硬件而已，我们所说的资本是能为自己带来好处的资本。

在人际交往中，他人喜欢或者憎厌你的感情，是由你的品位、社交水平和为人处世的方法所决定的，同时它也能决定你事业的成败。所以，在人际交往中想拥有被人关注的资本，就要陶冶和约束个人的品性与修养。这样才能有效地赢得别人的好感，避免惹人生厌。

比如，谦虚、自律、不争强好胜就是一种吸引别人的方法。初入社会的年轻人往往盛气凌人。接受新知识、新观念快，富有开拓创新精神，这的确是一种难得的优势。可是如果把这种优势当成资本，误作为追求名利、哗众取宠、恃才傲物的资本，就很容易走入狂妄自大、争强好胜的误区。这种高估自己，不可一世的态度是非常惹人厌的。

在社交场合，不管你的知识多么丰富，口才多么犀利，都应该时刻以谦恭的态度严格约束自己，这样个人的威信和形象不但不会受到影响，反而会让你拥有好人缘。

当然你要清楚自己的资本究竟有多少筹码，与换来的关注成不成正比。如果经过再三衡量，你根本没有吸引他人的"资本"，却受到别人的尊重和关注，也要明白自己为什么会受到尊重和重视，别人对你的关注和看重极有可能是冲着你父母的面子和地位。所以，此时还是要以提升自己的"资本"为主，以免落得个狐假虎威的名声。

适应社会，不是让社会来适应你

　　刚走向社会的大学生不大愿意去适应这个复杂的、充满各色人等的社会。但现在的社会竞争激烈，不去适应就注定会被淘汰，社会就是这么现实，你不会适应，但要学着去适应，因为你是社会中的人，和社会打交道，是早晚的事，这是无法逃避的，也不可能改变的。

　　玲玲在大学时主修新闻专业，不过这并不是她最初的梦想，只是调配录取的结果。她真正想学的是金融专业。毕业后，为了专业对口，她进了一家报社。但是，她仍然不喜欢自己的专业和现在的工作，每天四处奔波采访、写稿子让她头痛不已。虽然她工作起来也算尽职尽责，但厌倦工作的心理让她觉得自己快要崩溃了。受所学专业的限制，她又想不出自己还能做什么。经常处于厌职情绪中的她工作动力自然不足，所以发稿量也有所下降，收入自然不如其他同事高。生活的压力和精神的压力让她感到心力交瘁。

　　我们每个人都是独一无二的，都有自己的个性，但也正是因为这样让我们产生一种错误的想法：为什么我要去主动适应别人、适应环境、适应社会？

　　社会是一个大环境，而我们只是其中的一个主体部分。社会的力量非常大，大到我们根本就不能让它对我们有一点儿让步，所以要么我们去适应这个社会，要么被它淘汰。让社会改变去适应某个人可以说是不可能的，除非你先适应它，才有可能改变它，但这绝对不是在你初入社会时就能做到的，更不是抱着让社会适应你的想法时可能做到的。许多年轻人雄姿英发，刚进入社会就扬言要改变社会，改变所处环境的规则，可是最终的结果往往是在灰头土脸之后，不得不被社会改造。

　　如果最终的结果是被改造，还不如自己先适应社会。主动适应和被动适应最大的区别在于前者有可能真的改变社会，而后者却没有这样的机会。先改变自己是一种最好的适应，犹如千万年前的动物，因为适应改变，最终存活下来。

　　一个人不可能去改变社会，如同动植物不能改变自然环境一样，只有通过进化去慢慢适应。如今的社会之所以能继续发展下去，就是因为它得到了大多数人的认可。我们应该适应社会的积极面，抵制其消极面。在我们有了一定的能力之后，才有可能带动身边的人改变自己所处的环境。

　　如果想很好地适应社会环境，我们先要改变自己，去适应环境的需要，其次才是慢慢改造环境，使环境一点点理想化。年轻人一定要从实际出发，正确认识客观环境的现实，不逃避现实也不做无根据的幻想，把自己置身于社会环境中，从了解它到掌握它，最后才是改造它。当然，想让社会适应自己其实也属于一种积极的态度，但我们要做的不是消极地等待，而是先"打入敌人内部"，从改造自身开始，这样才能既不想入非非，又不自暴自弃，找到改变环境的方法。

　　李明脾气不太好，有什么不快他都喜欢说出来，本来以为自己是快人快语，结果却让朋友和同事都远离自己。在单位，他对公司的制度有些不满意，于是整天牢骚满腹；在朋友堆里，他看不惯一些朋友情愿选择违心的恭维，而放弃了自己想说的和想做的，除了厌恶这样的朋友外，他说出了大家想说而没有说出的话，想做而没有做的事。但是到最后他发现，只有他一个人在为让世界变得真诚、美好而"战斗"，别人似乎早就放弃了自己的想法站到了良心天平的另一方。

　　李明对此有些哭笑不得，经过几年处处碰壁的生活，他明白了：如果自己想过得更好，就要先适应别人的所作所为，不必看什么都不顺眼。有时候，微笑即使是违心的，也能让人感觉愉快。

　　于是，他开始试着不再批评和发牢骚，而尽量去恭维别人，刚开始他觉得有些痛苦，到后来发现，假如不这样会很辛苦，而这样做自己并没有损失什么，也没做什么违反个人原则的事情，就能让生活变得顺利。更让他欣慰的是，在自己改变之后，和朋友、同事的关系都好了起来，而对于公司制度的问题，他曾和颜悦色地提过几次建议，结果领导还意外地改了制度。他因为改变了自己的处世方法，从而改变了自己所处的环境。

假如我们觉得不快乐，那一定是因为生活里出现了和我们期望相反的事情。而仔细一想，因为我们心中有个必须如何如何的标准，是它导致我们的不快。而改变这种情况只有两个办法：

其一，改变它，让每个人都按我们期望的样子做事，让每件事都如我们所希望的一般完美，这需要付出很大的努力。因为社会并不会纵容我们的习惯或规则。而且，我们有这样的想法，别人也有。也许我们期待的生活正是别人的痛苦，于是矛盾产生了，你同样不会快乐。很多人所谓的改造社会，无非是希望地球按照自己所想的方式转动，让地球来适应自己，这可能吗？

其二，改变我们自己。假如我们终日把希望寄托在第一条上，极可能一生都会郁郁寡欢，因为曾有过很多人尝试过这么做，成功却未可见。但是却有选择第二种方法的人有过成功的先例。你可能会认为这近乎自我欺骗，但事实上改变自己并不表示我们要开始对世界忍气吞声或俯首听命，这是为了生存和改变社会的一种必要手段。毕竟改变社会是一个耗时巨大的工程，也是一个投资巨大收效却很难预见的工程，而且它极可能是一个不可能的工程，不仅你无法看到这个工程竣工的那一天，甚至连你的后代也看不到社会被你改造得很完美的那一天。这就像是绕着一个圆圈跑，希望有一天可以跑到终点一样——人最终只会疲于奔命，直至倒下。

一位皇帝统治着一个很富足的国家。一天，他徒步走到一个很远的地方视察工作。返回宫殿的时候，皇帝感到他的脚非常疼，因为这是他头一次步行出远门，而且所走的路都是崎岖不平的。于是皇帝下令把他以后要走的路上都铺上皮革，虽然这需要成千上万张牛皮，花费很多金钱。这时，一位谋士斗胆向皇帝建议道："英明的皇帝，您没有必要花那么多冤枉钱。您只要割下一小块牛皮，包着您尊贵的龙足，就能够起到相同的效果了。"皇帝惊讶之余，接纳了谋士的建议，制作了一双"牛皮鞋"。

我们没办法把世界铺上地毯以利于我们行走，但我们可以穿上鞋，这样就能避免一切伤害。假如要让社会来适应我们，而不是你去适应社会，那么你要付出的代价是很大的，结果还不一定成功。就如同这个故事中的皇帝一样，总想着把崎岖不平的路都铺上皮革，却不曾想过这会浪费多少钱，说不定最后还不能完全达到自己的要求。其实仅在自己脚上套上一双"牛皮鞋"，结果就完全改变了。

事实上，想让自己来适应外界也不是一件非常容易的事，毕竟每个人从小到大都养成了自己所谓的"个性"。哪怕是个性和社会的冲突每天都会发生，但我们还是不容易被社会这个大熔炉熔化。然而聪明的人却善于通过现实的镜子来理智地调整自我，并最终完善自我。

第二章

洞悉人心方能做足人情

　　做足人情，要了解人心，人情是人际关系运作的轴线，人与人之间时时刻刻都有着人情交易，而清楚地洞悉人心，才能做到人情练达，攻城为上，攻心为上。以人心始，以人情终，以人心着眼，以人情为皈依。

洞察身边人的性格

洞察他人的性格办事的学问非常深。试问，你不会办事，怎么可能成事？当然，办事首先要洞察你面前的人的性格。

对一些特殊人物，比如十分聪颖的人或十分虚伪高傲的人，要想能操纵他、制服他，首先必须深明他的特点，以此找到突破口。

勃伦狄斯曾向我们讲过芝加哥巨商费尔特测验他的情形：

为了找到一份称心如意的工作，年轻的勃伦狄斯向费尔特自荐。费尔特有一种习惯，就是对所有求职自荐的人都亲自接待，一一洽淡。

后来勃伦狄斯惊讶地说："我从未见过像费尔特这样细心的人，他问出的那些细小的问题简直令人难以置信。费尔特知道我曾在家乡的小镇当过骡夫，于是他连我饲养过的骡子的名字也细细过问。"

费尔特如此细心地去品评、洞察他人，主要是要了解他所雇佣的人的特点。正如他本人所说："如果我不亲自去品评、了解、认识他的性格、特点及能力，我将把何种事情交给他做呢？我又怎样去借助他们为我的公司效力呢？"

大凡伟人或名人，都常使用许多很巧妙的方法，去测量、洞察别人的性情和能力。

在此我们所要了解的是领袖人物们究竟凭借着何种证据，以确定他对人的判断？换句话说，他获取于人的，究竟是些什么？不少有能力的人，常怀有一种隐秘的技术，以品评他人的性情、了解他人的特点、掌握他人的苦乐和嗜好。这种技术，在一般人看来很玄妙，其实也只是一般而已。伟人或一般的精明强干的人，只不过对别人常常忽略的琐碎处，都非常留心与注意罢了。而事后他们所依据的，便是人们性情中表现出的这人过去做什么，现在做什么，将来会做什么，以便作出相应的对策，制胜于他人。

总而言之，他们要把他人在一定环境之下的行为细心地观察出来。这种对细微之处的特别留神，用心之苦，用力之勤，是一般常人难以做到或者不愿去做的。

当我们观察一个人时，应当留心：他全神贯注的是什么？他常常忽略的是什么？他喜怒忧愁的是什么？什么事情能使他震惊？他骄纵或发脾气又是为了什么？倘若我们能将他人上述的这些特点觉察出来，那么我们就能了解、掌握或操纵这个人，明了在某种环境之下，这个人估计会出现怎样的感觉和行动。

比如说，某人有了困难，他害怕吗？他会战胜它吗？他想把责任推在别人身上吗？他的名誉观念会让他勇于承担责任并想方设法来保护与此事有关的旁人吗？所以，这人究竟如何去做，我们一下子是很难断定的。但是，如果我们事先对此人就有所观察和了解，那么至少可以在他以往的情形之下，根据他所经历的或者干过的那些事情中寻找线索，找出他有可能的对此类问题的反应。

一般人都有某种程度上的相似之处，他的动作、表情以及情感已形成某种特殊场合下的固定习惯，这些习惯还可能是控制他的为人的条件。这些习惯可以说是一个人的特性，而这种特性常常包含在他的动作、姿势、变化的面部表情以及语言与声调里。有的时候人们虽然有明显的动作，但他们常在不知不觉中把真正的情感流露出来。

我们曾见到了一个人，每当他恼怒动气时，总是张口打呵欠，或者假装打呵欠，而旁人一见他这个样子便大笑或微笑起来，因为人家早已知道他在恼怒动气了。还有些人，每逢烦闷或不顺心时，总喜欢将手放在衣袋里，旁人一见此情景，便知道了他此刻的心境，也避免与他作更多的谈话，以免他烦中生烦。

还有些聪明的人，常常将他的天性和情感藏而不露，可是有时候当他们自己还未意识到的时候，早已被细心的观察者看得一清二楚了。人们也从中找到了突破口。

看透对方的虚荣心

汉代的大辞赋家司马相如，出川漫游，一篇《子虚上林赋》博得了海内闻名。当时的博雅之士，无不以结识司马相如为荣。

有一次，司马相如外游回成都的路上，路过临邛。临邛县令久仰司马相如的名声，恭请至县衙。此事惊动了当地富豪卓王孙，他也想结识一下，以附庸风雅。但他仍摆脱不了商人的庸俗，故而实为请司马相如，但名义上却是请县令王吉，让司马相如作陪。司马相如本来看不起这班无才暴富之人，所以压根没准备去赴宴。

到了约定日期，司马相如却没有来。卓王孙如热锅蚂蚁，王吉只好亲自去请。司马相如驳不过王吉面子，来到卓府。卓王孙一见他的穿戴，心中早已怀瞧不起之意，司马相如全然不顾这些，大吃大喝，只顾与王吉谈笑。

忽然，后院楼上传来悠扬婉转的琴声。这琴声似流水潺潺溪涧，又似微风拂过春皱的水面；似骏马奔驰原野，又似惊涛拍岸，原来这是卓王孙的女儿卓文君所奏。卓文君一向爱慕司马相如的相貌和才华，司马相如到来之后便故意弹奏一曲向司马相如表达爱慕之心。司马相如一下子停止了说笑，侧耳细听起来。此时的司马相如感到自己碰到前世冥冥注定的知音。琴声让他不仅忘却了眼前的一切，而且使他在情不自禁中忘却了自我。司马相如乘着酒兴，弹了一曲《凤求凰》向卓文君表达爱意。就在这音乐的交流与碰撞中，他们以身相许，遂定终身。卓文君当夜私奔到司马相如处，两人一起逃回成都。卓王孙知道后，气得暴跳如雷，发誓不准他们返回家。

卓文君随司马相如回到成都后才发现，她的夫君虽然名声在外，但家中却很是贫寒。用家徒四壁、一贫如洗来形容一点也不为过。在万般无奈的情况下，他们只好返回临邓，硬着头皮托人向卓王孙请求一些资助。不料，卓王孙破口大骂，将他们蛮横地拒之门外，并且叫来人带话让他们永远不要回来。

　　夫妇俩心都凉了半截儿，可是到底他们俩人都有才，很快想出了一个"绝招"。第二天，司马相如把自己仅有的车、马、琴、剑及卓文君的首饰卖了一笔钱，在距卓府不远的地方租了一间屋子，开了一个小酒铺。司马相如穿上伙计的衣服，撸起袖子和卷起裤腿，像酒保一样，又是擦桌椅，又是搬物什，里里外外忙个不停；卓文君则粗布衣裙，忙里忙外，招待来客。酒店刚开张，就吸引了许多人前来目睹这两位远近闻名的落难夫妇。司马相如夫妇一点也不感到难堪，内心倒很高兴，因为这正好有了一部分收入，而且还达到了他们的目的——给顽固不化的老爷子点颜色看，让他也在临邓县丢丢人、现现眼。卓王孙在临邓县也是有头有脸的一方士绅，哪里允许临邓县的父老乡亲在他背后指指点点，戳着脊梁说笑话呢？这让卓王孙很伤脑筋，撒手不管不闻不问吧，闹得满城风雨，耳朵根子实在不得清闲，去管他们吧却又抹不开面子。正在他左右为难、一筹莫展之际，有几个朋友劝卓王孙说："俗话说得好：'嫁鸡随鸡，嫁狗随狗，嫁条扁担扛着走！'令嫒既然愿意嫁给他，就随她去吧。再说司马相如毕竟有相当的过人之才，而且还是县令的朋友。尽管现在贫寒，但凭他的才华，将来一定会有出头的日子，应该接济他们一些钱财，何必与他们为难呢？"

　　这样一来，尽管卓王孙气歪了鼻子，但也万般无奈。只好借着这个台阶给自己下了台。于是送给司马相如夫妇仆人两名，钱财百万。司马相如夫妇大喜，带上仆人和钱财，回成都生活去了。

　　对于那些在社会上有身份、有地位的上流社会的人来说是非常重视名声的。这里涉及到所谓的"面子"问题。"面子"应该说人皆要之，但好之则有虚荣之嫌。对于那些爱慕虚荣的人来说，这就是一大弱点。如果通过细致入微的观察，抓住了交往中对方的这一弱点，并适当地加以利用，或许还能收到"山重水复疑无路，柳暗花明又一村"的效果呢！

揣摩对方的心理

在美国，神学院毕业的学生，必须要到乡村教会去当一段时间的牧师，一来可以丰富他们的工作经验，二来可以锻炼他们的韧性和毅力，为他们日后能够更好地宣传神学、更好地发展打下基础。

有一位成绩和各方面表现都十分突出的学生，从一所著名的神学院毕业后，自愿到一个以牧业为主、生活十分艰苦、人们的认识还比较落后的村庄去担任牧师。为了使那里的人们很好地接受自己，并扩大自己的影响，从而使得人们能够更好地领会神的旨意，他准备召开一个布道大会。经过紧张而又繁忙的准备之后，他的布道大会如期召开了。但令他失望的是，他等了足足一个上午，却只有一个牧童来到了会场。于是他心灰意懒，准备将布道大会取消，但为了不让牧童反感，他开始主动向牧童征询意见。结果牧童说："亲爱的牧师先生，要不要取消大会我不知道，但我知道一件事，在我所养的100只羊中，就算迷失了99只，只剩最后一只，我还是要养它。"年轻牧师顿有所悟，决定大会如期举行。牧师使出浑身解数，对这位牧童全力进行灌顶，想不到这位牧童竟然睡着了。牧师非常难过，却又不好意思叫醒牧童，结果他又等了整整一个下午。到了黄昏，牧童醒了，牧师就迫不及待地问牧童："你为什么睡着了，难道我讲得不好吗？"牧童回答说："亲爱的牧师先生，你讲得好不好我不知道，但我知道，当我在养羊的时候，绝对不会拿我最喜欢吃的汉堡给羊吃，而要拿给羊最想吃的牧草。"牧师经过一番思考，终于大彻大悟。

过了不长时间，这位牧师成为了全美国最著名的牧师。

有的人认为，这位牧师的布道大会失败了，因为他在大多数人们不需要布道大会的时候举办了布道大会，并且对唯一的一位参加者讲述了人家并不需要的内容；也有的人觉得，他的布道大会成功了，因为他明白了只有从人们的需要出发对人们进行引导，才能把神学发扬光大。事实上，正所谓"成也萧何，败也萧何"，牧师布道大会的失败在于他忽视了人们的需要，牧师后来能够成功则归功于他重视了人们的需要。

人世间有很多道理是相通的，做事需要我们考虑别人的需求，说话、交流也必须要重视他人的需要。每个人从小学起就有这样的经验，写作文，最怕的就是文不对题。"说"也是这样，最忌讳"南辕北辙"。试想，如果你是个数学老师，你却在课堂上大谈历史；面对农民，你对航天科技滔滔不绝；领导因产品销路不畅而心情不好，你却对本单位的管理问题大加分析。可能你讲得很对，有时也很有道理、很有价值，但人家不需要。"对牛弹琴"的结果顶多不过是白费点力气，可你的交流对象是人，有时还是掌握你命运的领导，如果你真的这样说了，后果可能就远远不是白费点嘴皮子那么简单了。

因此，在"说"之前，你要明白，对方想听什么、爱听什么、最需要什么，否则，说了还不如不说。也就是说，要揣摩听者的心理。

首先，你要清楚地了解对方的过去。当然，你不需要像一个侦探一样事无巨细，因为你需要的不是他的全部，只需留心他的日常言行，倾听周围人群的谈论，你就会对他的处世风格、性格爱好、优点缺点等了如指掌。

然后，你要关注对方的现状。你跟对方交流，应该是有目的的。知道对方的现实问题和急需之处，你在说的时候就不会无的放矢。

最后，你要为对方提点建议。说，总是有一定内容的，而且这些内容必须倾向于为对方解决问题，创造未来。也许你说的东西不一定非常管用，但没关系，至少你"说"的目的已经达到，你们的关系也会因为默契的交流而更加密切。

记往，在人们饥饿的时候给他半块馒头，比在他富有时给他十根金条更能让人刻骨铭心。而且，人这种动物很怪，总有吃不饱的地方。

从面部动作读懂对方想法

1. 头部动作

将头部垂下成低头的姿态，它的基本信息是"我在你面前压低我自己"，但是这种姿态并不仅限于地位低下的人。当同事或居上位者做此动作时，它的信息乃是以消极的方式表达："我不会只认定我自己"，然后变成这样的目标："我是友善的。"

头部突然高高抬起又回到原来的位置。这动作时机是刚刚遇见但还不十分接近的时候，它表示"我很惊讶会见到你"。在这儿，惊讶是关键性的要素，头部上扬代表吃惊的反应。用于距离较远的时候，头部上扬是用在彼此非常熟悉的场合。

摇头本质上是否定信号。

颈部把头猛力转向一侧，然后再回到原来的位置，这是单侧的摇头，同样传递"不"的信息。头部半转半倾斜向一侧是一项友善的表示。因为这种动作特别像是在与同路的人打招呼。

摇晃头部时，说话者正在说谎，而且试图压抑住要表示否定的摇头动作，但又不能彻底。

晃动头部，一般被用来表达特别惊讶的意思。其中隐含刚得知的消息是那么不寻常，以至于必须晃动头部才能确信这不是做梦。

头部僵直，表示一个人特别有魄力而且无所畏惧，所以甚至什么东西在身侧摔破，都不屑一顾，或者是心里觉得无聊的表现。

颈部使头部从感兴趣之点往侧面方向移开，通常来讲，这是一种保护性的动作；或把脸部移开以回避对身体有威胁的事物，在特殊情况下，这个动作可借着掩饰脸部而隐藏自己的身份。

颈部驱使头部向前伸并朝向感兴趣的方向。这种动作比较复杂，因为它既可以表达浓烈的爱，又可以表达深刻的恨。前一种情况是两个相爱的人，伸长脖子深情专注地凝视对方的眼睛；后一种情况则像两个冤家伸长脖子，探出头部以表示他们都瞧不起对方，而且瞪视对方如同洞察对方的眼睛；第三种情况则出现在某人渴望吸引你全部的注意力之时，因此他会把自己的脸探出来，以阻挡其他任何可能吸引你的东西。

头部从兴趣之源缩回，这是回避的动作。

猛地把头垂下然后隐藏脸部，也可用来表示谦卑与害羞。在心怀敌意的情况下，把头低下则具有截然不同的意义，其主要差异在于眼睛向前瞪视敌人，而不是随着脸部而下垂。

抬头是有意投入的行为。下属进入领导的办公室，站在领导面前，注意到领导正低着头在桌上写东西。如果他对眼前的人物有畏怯之感，一般地说，他会站在那无声无息地等候，直到领导把头抬起来看他，才开口讲话。

头部后仰，这是势利小人或非常自信之人鼻子朝天的姿态。当一个人把头向后仰的时候，其情绪变化包括：从沾沾自喜、桀骜不驯到自认优越而存心违抗。基本上，这种姿态是挑衅的仰视而不是温顺的仰视。

头部轻轻地歪在一边，这个动作源自幼时舒适的依偎——小孩把他的头部依靠在父母的身上，当成年人(通常是女性)把头歪斜一侧时，此情此景就像倚在想像中的保护者身上一样。

头部低垂，一般来说，表明一个人对自己内心非常厌倦。

2. 嘴巴的动作

嘴巴的动作是表达感情的方式之一，而最显著的动作为笑。笑是最容易露出牙齿的动作，对动物可能解释为威吓对方，但对人类而言则是代表亲切。在人类文化史上对"笑"有以下分类：微笑、大笑、狂笑、傻笑、含蓄地笑、苦笑、忍不住地笑等等，能表达"笑"的语言很多。一般而言，有"笑"的场合，都能轻松地消除紧张气氛，较容易增加人与人之间的亲密度，促进活泼的气息，若有人在谈话场合露出笑脸，更有助于人与人的和谐关系。另外，由资深推销员多年的经验可知：

①舔唇，表示友好(同意)的意思。

②舌头在口腔内打转，表示不同意的意思。

③嘴唇紧闭，下唇干燥时，表示不同意的意思。

④压紧下唇，故作紧张状态，表示不同意的意思。

⑤用力上下咬牙，使两颊肌肉颤动，面颊抽筋状，也表示不同意的意思。

3．鼻子的动作

人的鼻子十分奇妙，许多文豪利用鼻子作为小说的题材，并不是没有原因的。翻开童话故事主角的性格，国王是老鹰鼻，好好先生是朝天鼻，酒鬼定是酒糟鼻，由此可知鼻子是给他人印象的关键。在美容整型外科中，鼻子也是重要的美容项目之一。

在心理学方面把鼻子和手指作为一种关联，有下列的动作：

第一，把食指顶在鼻子翼旁，表示怀疑的意思。

第二，摸鼻子，表示不能接纳你，拒绝的意思。

另一种说法是人紧张时，鼻黏膜还容易引起生理上的变化呢！

4．下巴的动作

下巴的动作虽然极为细腻，但却能左右他人的印象。站在镜子前将下巴抬高或缩起，会产生不同的判别印象。下巴抬高时，胸部及腹部都会突出，有骄恃、自大的样子；反之将下巴缩起，稍似驼背，个性上显得很懦弱、气馁，若此时观察对方，将会发现其眼球向上翻滚，仿佛怀疑心重。

下巴与四肢组合的姿势也有关，对动物而言，甲要威胁乙时，为了让乙认为它很庞大，就会将背弓起，此时下巴突出。如果防备他物攻击时，全身会收缩，下巴也一样会缩起。仔细观察或逗弄周遭的猫、狗，就可以知道了。

在各种场合注意对方下巴的角度：

第一，下巴抬高。此人十分骄傲，优越感、自尊心强，望向你时，常带否定性的眼光或敌意。

第二，下巴缩起。此人仔细，疑心病很重，容易闭塞自己，对他人发言的内容不易相信。

从眼神读懂他的想法

深层心理中的欲望和感情，首先反映在视线上，视线的移动、方向、集中程度等都表达不同的心理状态。一个人的性情表现最显著、最难掩的部分，不是语言，不是动作，也不是态度，而是眼睛。言语、动作、态度都可以用假装来掩盖，而眼睛是无法假装的。通过一个人的眼睛观察人的性格尤重眼神。需要别人帮忙，或有事请教的时候，要注意观察对方的眼神，也许会避免一些不必要的麻烦。

第一，眼神沉静。说明对于你着急的问题成竹在胸，一定会得偿所愿。如果他不肯明白说出方法，这可能是因为事关机密或有其他隐情，不必要多问，只静待他的发落便是。

第二，眼神散乱。说明他毫无办法，向他请教也没用。

第三，眼神横射。仿佛有刺，便可明白他异常冷淡，如有请求，暂且不必向他陈说，应该从速借机退出，即使多逗留一会儿也是不适的，退而研究他对你冷淡的原因，再谋求恢复感情的途径。

第四，眼神阴沉。应该明白这是凶狠的信号，你与他交涉，须得小心一点。他那一只毒辣的手，正放在他的背后伺机而出。如果你不是早有准备想和他见个高低，那么最好从速鸣金收兵。

第五，眼神流动异于平时。对方可能是胸怀诡计，想给你苦头尝尝。这时应步步为营，不要轻近，前后左右都可能是他安排的陷阱，一失足便跌翻在他的手里。不要过分相信他的甜言蜜语，这是钩上的饵，要格外小心。

第六，眼神呆滞，唇皮泛白。对方对于当前的问题惶恐万状，尽管口中说不要紧，他虽未绝望，也的确还在想办法，但却一点也想不出所以然来。你不必再多问，应该退去考虑应付办法，如果你已有办法，应该向他提出，并表示有达成把握。

第七，眼神似在发火。他此刻是怒火中烧，意气极盛，如果不打算与他决裂，应该表示可以妥协，速谋转机。否则，再逼紧一步，势必引起正面的剧烈冲突了。

第八，眼神恬静，面有笑意。你可明白他对于某事非常满意。你要讨他的欢喜，不妨多说几句恭维话，你要有所求，这也是个好机会，相信一定比平时更容易满足的希望。

第九，眼神四射，神不守舍。你可明白他对于你的话已经感到厌倦，再说下去必无效果，你如果不赶紧告一段落，或乘机告退，或者寻找新话题，谈谈他所愿听的事。

第十，眼神凝定。你可明白他认为你的话有听的必要，应该照你预定的计划，婉转陈说，只要你的见解不差，你的办法可行，他必然是乐于接受的。

第十一，眼神下垂。你可明白他是心有重忧，万分苦恼。你不要向他说得意事，那反而会加重他的苦痛，你也不要向他说苦痛事，因为同病相怜越发难忍，你只好说些安慰的话，并且从速告退，多说也是无趣的。

第十二，眼神上扬。你可明白他是不屑听你的话，无论你的理由如何充分，你的说法如何巧妙，还是不会有高明的结果，不如戛然而止，退而求接近之道。

从爱好的服饰观察对方性格

1. 喜欢穿白衬衫的人

喜欢穿白衬衫的人，往往是缺乏主动性、判断力、羞耻之心的人。他们在色彩感觉上、在装扮上都非常优秀；相反，不论对什么服装，只要穿上白衬衫都能相得益彰。白色确实与任何颜色的服装都能搭配组合，关于这一点没有什么异议。同时，白色代表清洁。

白色与任何颜色都能搭配的优点，当然也能给人一种亲切感，但这种形态的人对服装不受拘束，在性格方面是属于爽直派的。诸如此类穿白衬衫职业的，比如裁判官、医生、护士、机关的职员等各行各业的职业者，当你看到他们的第一印象都是缺乏感动性，尤其在感情方面和爱情方面——有这种感觉倒是不可思议。这类人容易自以为是。这类人在生意场上常常是个躁动分子，极可能与他人起冲突，随时有动干戈的事情发生，在人际交往中，遇到这类穿着的人要有戒备之心。这类人总会为自己的失误寻找借口，这种人没有什么话题可言，除重要的事情交涉后，关于酒色话题一般不参与讨论。有喜好穿白衬衫习惯的人，总是以工作为重心，是不折不扣的现实主义者，对工作有一贯认真的态度。这种人大多比较繁忙。有时候他们的工作态度不易被别人所接受。

2. 喜欢粗直条整套西装的人

在一般薪水阶层人士的穿着习惯中，很少看到穿蓝色粗直条西装的人。大多数的自由职业者，为了掩饰职位上引起的感觉不安，才喜欢穿这种整套的西装。

这种人前卫、时尚。由于对自己没有信心，又恐怕被别人发现，或者因为情绪上的孤独不安时，才会穿上粗直条整套西装。

与这种类型的人接触时，绝对不能攻击对方的缺点。如果言谈之间的内容不假思索的话，会受到对方的攻击，因此需多加注意。这种人大多不喜欢占卜。因此，与他们交往时最好不要提占卜之类的事情。

3. 喜欢穿背后或两旁开叉上衣的人

上衣背后或两旁开叉的衣服，并非为了肥胖的摔跤选手穿着所设计的。

我们经常会碰见西装笔挺的绅士，他们穿英国制的西装，带花纹的领带，小羊皮或羔羊制皮鞋，珍珠袖扣，戴瑞士制的手表，镜框是高级的舶来品，连打火机也是世界上驰名的名牌商品。

这类人通常会给人以商界大亨或来头不小的感觉，通常极具伪装性，故意显示出一副领导者的风范，但这种人通常让人失望。这类人的金钱观念比较淡薄，对长期交易没有多少兴趣，往往特别注重短期交易，具有追求一夜暴富的倾向，属急功近利之辈。

一旦以信用为主进行交易时，必须详细调查对方的底细。若一方为了慎重起见想暂停交易的话，对方会施以强硬态度。若一方采取冷静态度，对方会马上变为软弱战术。这类人士会对人轻易许诺。此时，应委婉推辞为上策。其实这种人的性格是神经质、疑心重、嫉妒心强、独占欲旺盛，喜欢装饰外表并且好玩的典型。然而，观其面貌又是一副诚实的模样。

第三章

三思而后行，切忌冲动

　　与人交往，最忌讳冲动。歌德曾说："决定一个人的一生，以及整个命运的，只是一瞬间。"往往我们一瞬间的冲动，就会毁了自己的一生，所以我们在与人打交道的时候，不妨多考虑一下后果，做到"遇事休冲动，三思而后行"。

没有金刚钻，勿揽瓷器活

子曰："其言之不怍，则为之也难。"这是孔老夫子说过的一句话，大意是说一个人说了大话而不知道惭愧，那么他实现此话的概率是很小的了。还有人说凡是说大话的人要么特别自负，要么纯粹吹牛。有一些人总在别人面前吹嘘自己神通广大，无所不能。他们自认为只有这样，别人才能尊重自己、喜欢自己，自己也会因此而更有面子。而事实上情况却恰恰相反，自我的吹嘘只会让他人更讨厌你。一个真正成功的人不会自吹自擂，因为别人的眼睛是雪亮的，所以，有本事要让别人去说，不能老王卖瓜自卖自夸，不知收敛、吹嘘自己的人，当真相被揭开时只会颜面无光、威风扫地。

我们来看一则寓言故事：斑鸠强占了小喜鹊的窝，看着无家可归的喜鹊，斑鸠开心地说："你可知道谁是鸟中之王？"

小喜鹊胆战心惊地说："您是鸟中之王！"斑鸠满意地飞走了。不久，斑鸠又啄光了小麻雀头上的毛，然后傲慢地问小麻雀："你可知道谁是鸟中之王？"

小麻雀吓坏了，它结结巴巴地说："您……您是……鸟中之王！"

斑鸠这下神气极了，它真以为自己已是鸟中之王了，于是耀武扬威地飞来飞去，谁知迎面碰到了老鹰，斑鸠不知深浅地大喝一声："你可知道谁是鸟中之王？"

老鹰没做声，只是双翅用力一扇，可怜的斑鸠便从空中跌落到草丛里。老鹰威严地说："这下你知道谁是鸟中之王了吧。"斑鸠在草丛里挣扎了半天，才趔趔趄趄地站起来。

斑鸠不知高低，自我吹嘘为鸟中之王，结果被老鹰一巴掌就打出了原形，威风扫地。其实，真正实力雄厚的才是王者，嘴上功夫是要不得的。

"吹牛皮"的人，常常是外强中干的，而且他们的目的只不过是为了引起大家对他的关注，以满足自己的虚荣心。朋友、同事相处，贵在讲信用。自己不能办到的事情，胡乱吹嘘，会给人留下华而不实的印象。比如，某某人在酒桌上几杯酒下肚后，便开始吹嘘"和某某局长是铁哥们，和某某处长是朋友，和某某市长是亲戚"等等，简直有通天的本事，似乎无所不能。几位朋友说起生意上或事业上的难处，这位老兄便拍胸脯、打包票说："没问题，这事全包在老兄身上。"待酒一醒，才发觉他摊上了麻烦，自己根本没有能力帮人办事，也许找人能办事，可也得大费周折，求爷爷告奶奶。这牛吹的，把自己都给绕进去了。帮不上忙，朋友面前多没面子，可真要帮忙，还确实是力不从心，强人所难，真是尴尬。

自吹自擂还会成为被人嘲笑挖苦的对象。你在那儿吹得天花乱坠，唾沫星子四溅，可周围的听众要么打哈哈，要么揭破你的牛皮，要么在那儿取笑你，要么干脆走开。这样的人在那些正经人的眼中，无异于人生舞台上的跳梁小丑，丑态百出，愚不可及。

没有金刚钻，别揽瓷器活。在你不具备某种能力的情况下，夸下海口，大包大揽，结果只会耽误了事情，进而影响到自己的声誉，别人会觉得：其实你根本就不行。

大家还记得有一年的春节晚会上郭冬临演的一个小品吗？是讲一个职员在单位因为职位低而被人看不起，后来他发现无论职位多高的人在买火车票的问题上都觉得很困难，所以大家认为能在别人买不到车票的情况下搞到票的人很有本事。这个职员本来在火车站没有熟人，为了表明自己有能力，他硬是对别人说自己在火车票售完后依然能搞到票，结果有很多同事请他帮忙，他是有求必应，答应了别人，而自己确实没有熟人，只好半夜三更去排队买票，结果托他买票的人越来越多，把自己逼进了死胡同，有时他不得不自己贴钱买高价票，更别说抱着被子上火车站一呆就是一夜的痛苦了。这就是没有考虑自己的能力，轻易地答应帮忙造成的后果。票买来了，大家认为你真了不起；买不来，那人就会认为，你既然能给别人买来，为什么不给我买，是看不起我吧！于是反而失去了信誉。

　　天真的人应该懂得保护自己，该推托的必须推托，不要凡事都往自己身上揽，这样别人才会重视你、尊重你。千万别吹牛，更不要抹不开面子。这样只能加重了自己的负担，导致自己生活得太累。

　　虽然吹牛皮不是一个好的性格特点，可是社会中却到处是吹牛的人，每个人多多少少都有些自吹自擂的僻好，好像不吹一吹，别人就看不起自己，心里那种痒痒无法挠息，直至吹牛变成一种令人讨厌的习惯。

　　自吹自擂也许一时一事一地会捞到好处，蒙别人一把，满足自己一下，可从长远来看，若养成信口开河、自吹自擂的习惯，必定招致周围人的讨厌，影响你事业的成功、做人的完美。

　　因此，对于自吹自擂这种不良的性格特征，我们应尽力去克服。主要的办法是加强自己的知识面和经验，不要让无谓的虚荣心害了自己，只要你变得自信起来，自然就不会再去自吹自擂。用自己的能力证明自己胜过用空话吹嘘自己。

不计较琐事，小不忍则乱大谋

"小不忍则乱大谋"，这句话在民间极为流行，甚至成为一些人用以告诫自己的座右铭。有志向、有理想的人，不应斤斤计较个人得失，更不应在小事上纠缠不清，而应有开阔的胸襟和远大的抱负。只有如此，才能成就大事，从而实现自己的梦想。

在生活中，有的人总是拿什么都当回事，特别爱钻牛角尖。尤其是对一些鸡毛蒜皮的小事争得不亦乐乎，谁也不肯甘拜下风，以至于非得决一雌雄才肯罢休。结果，他们大打出手，或者闹得不欢而散、同事结怨、反目成仇，以至因小失大，后悔莫及。

在职场中，往往有很多表面上看起来是吃亏的事情，比如工作的调动、环境的变迁、上司的冷遇，等等。面对这些事情，我们应该做到泰然处之，"小不忍则乱大谋"，心胸开阔，目光放远一些。看这些事情对自己的长远发展是否有利，而不去做匹夫之勇。对于刚入职一年多的新人来说，别人还没有对你有较多的了解，为此应尽量多听、多看、少说——领导不告知你的事不用问，领导要你干的事用心干，毕竟上天不只给予人一张嘴，还有两只耳朵和两只眼睛。不说并非你什么也不知道，只是说的时候还未到。等有一天机会来临时你就应该"好好"说，让别人高看你。如何让别人高看你是另一个更需要技巧的东西，这是因为人生是一个发展的过程，它包含着两个相互联系、相互渗透的方面，一个是建构自己，它是指人对自身的设计、塑造和培养；另一个是表现自己，也就是把人的自我价值显现化，获得社会的实现和他人的承认。表现自我绝对称不上是什么错。这世上如果没有了"表现"，恐怕也就没有天才和蠢才的区分了。一位在外企工作只做了4年就做到公司高级副总裁的女性，有人问她怎样才能在一个公司飞速攀升？她说当然要靠能力。不过这个能力不是通常意义上的"真才实学"，而是指表现能力的能力。她的意思大概是这样的，生活如同一场接一场的秀，一个人做秀能力的高低决定他在生活舞台上的票房号召力。但要切记的是表现别过分张扬，即是说不能光有"敢于表现"，还需要"善于表现"，不要让人感觉自己的表现欲过强。如果对方看出你的表现欲过强，看出你的一举一动都是为了表现，他们会认为你没什么本事，反而轻瞧了你。还会认为你在"弄虚作假"，人们最不喜欢不坦诚的人，觉得这种人不可交、不可信。

所以，一旦有机会，每个人都要用一种间接、自然的方式表彰自己的功劳。如果不习惯自我推销，也可请别人从客观的角度助自己一臂之力。你会发觉，不露痕迹地让人注意到你的才干及成就，比敲锣打鼓地自夸效果更好。真的，对于职场中的年轻人来说，还需要修炼内功，做到"喜怒不形于色，是非不辨于言"，才能使自己在受到别人轻视、捉弄、欺骗甚至侮辱时，而能够包容含蓄，不发一言，不表愠怒，使他人无从捉摸我的内心深处。这其中的趣味是奥妙无穷，同时也藏着很大的机谋与作用。所谓"静以制动，观人入微"，则他人对你再也不敢加以舞弄欺骗了。反击要等机会，不可盲目。机会不成熟，自己更被动。

将人们击垮的有时并不是那些看似灭顶之灾的挑战，而是一些微不足道的鸡毛蒜皮的小事。一些人常常被困在这些有名和无名的忧烦之中，它一旦出现，人生的欢乐便不翼而飞，生活中仿佛再没有了晴朗的天，真是吃饭不香，喝酒没味，干工作没劲，干事业没心，玩没意思。这一切，只因为他们陷入了多余的忧烦之中，也正是因为这些鸡毛蒜皮的小事，却消耗了人们大部分的时间和精力，严重影响了我们的生活质量，使生活失去光彩，最终让大部分人一生一事无成。显然，这是一种最愚蠢的选择。

人生在世，谁都不甘平庸，都想成就一番大业，不虚此生。其中，忍也是成就大业的必备心理素质。所谓"忍小谋大"就是要站得高，看得远，就得忍住那些小欲望，或一时一事的干扰。创造条件奔向更大的目标。

有人说，你每天考虑的事情，就代表你自身的价值。如果我们每天都在考虑着那些鸡毛蒜皮的小事，我们其实就是在将自己贬得一文都不值。如果你还看得起自己，就不要为那些无谓的小事浪费心神了。

唐国公李渊(即唐太祖)曾多次担任中央和地方官，所到之处，悉心结纳当地的英雄豪杰，多方树立恩德，因而声望很高，许多人都来归附。这样，大家都替他担心，怕遭到隋炀帝的猜忌。正在这时，隋炀帝下诏让李渊到他的行宫去晋见。李渊因病未能前往，隋炀帝很不高兴，多少产生了猜疑之心。当时，李渊的外甥女王氏是隋炀帝的妃子，隋炀帝向她问起李渊未来朝见的原因，王氏回答说是因为病了，隋炀帝又问道："会死吗？"王氏把这消息传给了李渊，李渊更加谨慎起来，他知道迟早为隋炀帝所不容，但过早起事又力量不足，只好隐忍等待。于是，他故意败坏自己的名声，整天沉湎于声色犬马之中，而且大肆张扬。隋炀帝听到这些，果然放松了对他的警惕。这样，才有后来的太原起兵和大唐帝国的建立。

这个例子同样也可以映射到生活中，比方说你的上司对你有点微词，你要是忍不下去，炒了老板的鱿鱼，也许就影响到你以后在这个行业更大的发展！就如同赵括没有受得了白起的挑衅贸然出兵，导致40万赵军被活埋。

人生活在这个世界上，该忍的不忍，该让的不让，逞一时之英豪，最后危及己身。做人应凡事用理智来指导行动；无关紧要处的较量该让的要毫不犹豫地谦让。这样为人处世，表面上看是退是让，殊不知，与世无争，实则是进是保，是与世大争，大争者若无争。

因此，我们在做人做事时，要善于在一些事情上表现出自己糊涂的一面，无关紧要的小事情，不如掩藏起自己的精明。毕竟，我们的一生不应该对什么事都斤斤计较，即便有那个能力，也没有那个必要。该糊涂时糊涂，该聪明时聪明，正如俗语所言"吕端大事不糊涂"，说的就是对小事不斤斤计较，果断地将那些无益的事情抛弃，不去理它，只在关键时刻显身手。

认为"忍是懦弱者的哲学"，这只不过是从表面上看问题，恰恰相反，忍是强者的哲学。只有志存高远、目光锐利、意志坚强的人，才不会为小小不平之事而盲动。

不露锋芒，一鸣惊人

我们在日常工作中，不难遇到以下问题：有一些事，人人已想到、认识到了，却无一人当众说出来。这些人并非傻子，而是都学精了。人所共欲而不言，言者乃是大傻子。老话有一句叫："枪打出头鸟。"这话你争着说，必定犯着时忌，或说中别人之痛处，这样你就会倒霉了。

王羲之十岁的时候，聪明伶俐。大将军王敦十分喜欢他，常常带他在身边，有时把他安置在帐中同寝。

一天，大将军早起，而王羲之仍贪睡在床。不一会儿，王敦的属下钱凤急匆匆地走进来，屏退左右，密议叛国起兵的大事，但王敦忘了王羲之还在帐中睡觉。

其实此时王羲之并没有睡着，他在床上听得清清楚楚。他知道自己已听到逆谋，断无侥幸存活的可能，于是吐出口水，把被褥、床头和自己的面颊都弄湿了，继续假装熟睡。

王敦与钱凤正谈得津津有味时，忽然想起帐中还有王羲之，不由大惊道："糟了！如今不得不除掉这小娃儿了。"

王敦前去打开帐子一看，只见被子、枕头一大片涎水——王羲之仍然好梦正酣呢！

由于王羲之装作熟睡的样子，从而避开了王敦的猜疑保全了自己的性命，日后成为中国的一代书圣。

明明知道的事情却故意装作不知道，明明看得分明的东西却装作看不见，这就是心里明白表面糊涂。人人都有身处险境的时候，明知故问常常是明哲保身或达到目的的重要变通手段。

有一次，曹操建造了一座花园，造成后，他去观看，未置可否，只是在门上写了一个"活"字就离开了。众人都不解其意，杨修说："'门'内添'活'字，乃'阔'字也。丞相是嫌门太宽了。"监工立即命令工匠们重建，曹操再去看时，大喜，问："谁知吾意？"左右告之："杨修也。"曹操虽喜，心甚妒之。

还有一件事，平时曹操担心被人暗害，便对左右的人说："吾梦中好杀人，凡吾睡着汝等切勿靠近。"一日，他午睡时被子落在地下，一近侍给他拾起复盖在身。曹操拔剑杀之，然后又倒头入睡。起床后，假意问道："是谁杀了我的近侍？"众人以实相告，曹操痛哭，命人厚葬。众人都以为曹操是梦中误杀，今见曹操又是痛哭，又是厚葬，不但不怪曹操，还多有称赞之词。临葬时，杨修指着死者说："丞相非在梦中，君乃在梦中耳。"曹操听说后，愈加嫉恨，便想找机会惩治这位"能人"。后来曹操的军队与刘备在汉水作战，两军对峙，久战不胜，是进是退曹操心中犹豫，适逢厨子送进鸡汤，见碗中有鸡肋，因而有感于怀。正沉吟间，夏侯惇入帐问夜间口令。曹操随口说道："鸡肋！"行军主簿杨修一听夜间口令为"鸡肋"，便立即让士兵收拾行装，准备归程。夏侯惇忙问其故。杨修曰："鸡肋者，食之无肉，弃之可惜。丞相的意思是如今进不能胜，退恐人笑，在此无益，不如早归。来日魏王必班师矣。"本来曹操在进退两难之际，真有班师北归之意，但见杨修又说破他的心思，非常气恼，便大声呵斥道："汝怎敢造言，乱我军心。"喝令刀斧手推出斩之。

聪明是一笔财富，关键在于怎么使用。财富可以使人过得很好，也可能使人毁掉。凡事总有两面，好的和坏的，有利的和不利的。真正聪明的人会使用自己的聪明，那主要是深藏不露，不到火候时不要轻易使用，一定要貌似浑厚，让人家不眼红你。低调做人，并不是要抹杀个性，遮挡阳光，也不是妄自菲薄，自我压制，而是张扬而不张狂、内敛而不压抑、圆滑而不世故，它是聪明的处世方法。

在人生中，无论是工作还是人际交往，都要时时注意，收敛自己的性格低调做人。太招摇、太张扬，不仅不会得到别人的肯定，有时还可能影响别人并招来别人的嫉妒和反感，最终酿成悲剧。成大事的人都善于将自己的行动建立在切实可行的客观条件基础之上，当条件不具备、时机不成熟的时候，就耐心等待机会的到来。适时展露自己才是最重要的。

在生活中我们不难发现，那些口若悬河、好出风头、心中藏不住半点秘密的人非常浅薄，时间长了也令人反感乃至厌恶。相反，那些看起来口齿笨拙或者总是隐藏自己才干的人，却往往成竹在胸，计谋过人。

冤家宜解不宜结，学会宽容

有人说，宽容是一种修养，一种处变不惊的气度，一种坦荡，一种豁达。宽容是人类的美德。荷兰的斯宾诺沙说过：人心不是靠武力征服，而是靠爱和宽容大度征服的。宽容一如阳光，亲切、明亮。温暖的宽容也俯头让人难忘。二战结束后不久，在一次酒会上，一位女政敌高举酒杯走向丘吉尔，并指了指丘吉尔的酒杯，说："我恨你，如果我是您的夫人，我一定会在您的酒杯里投毒！"显然，这是一句满怀仇恨的挑衅，但丘吉尔笑了笑，挺友好地说："您放心，如果我是您的先生，我一定把它一饮而尽！"这样从容不迫的回答也给对方一个极其宽容的印象。宽容是一种大智慧，一种大聪明！

事实上，人心往往不是靠武力征服，而是靠宽容大度征服。三国时期的著名军事家曹操就是这样一个不计私仇、宽以待人的人。张绣曾是曹操的死敌，陈琳曾为袁绍写檄文痛骂曹操，但他们归降后，曹操却不计前嫌，委以重任，才换来张绣与陈琳心悦诚服，诚心归顺。

故事里的人，或许会有不共戴天之仇，但在大多数人的生活里，这种仇恨一般不至于达到那种地步，只不过是工作生活上的一点小摩擦罢了，只要矛盾并没有发展到你死我活的境况，总是可以化解的。记住：敌意是一点一点增加的，也可以一点一点削弱。中国有句老话：冤家宜解不宜结。人与人之间，低头不见抬头见，还是少结冤家比较好。

比如说，同事曾经与你为一个职位争得面红耳赤，不过，今天你俩已分别成为不同部门的主管，虽然没有直接接触，但将来的情况又有谁晓得？所以你应该为将来铺好路。

如果你无缘无故去邀约对方或送礼给他，太突兀，也太自贬身价了，应该伺机而动才好。例如，从人事部探知他的出生日期，在公司发动一个小型生日会，主动集资送礼物给他——记着，没有人能抗拒好意的。

如果对方擢升新职，这就是最佳的时机了，可写一张贺卡，衷心送出你的祝福；如果其他同事替他搞庆祝会，你无论多忙碌，也要抽空参加，否则就私下请对方吃顿饭，恭贺之余，不妨多谈谈大家在工作方面的喜与乐，对过往的不愉快事件绝口不提，拉近双方距离。

记住，这些亲善工作必须提前抓紧机会去做，否则到了你与他有直接麻烦才行动，就太迟了，只会予人"市侩"之感。

或许有些人认为，宽容是软弱的表现，宽容只能让我们退让和忍受。宽容应该是相互的。"如果我对他宽容，他对我却不宽容，岂不是吃了大亏？"抱有这种认识和思想的人，实际上他们已经不宽容了，他们理解的宽容是片面的、极端的。

在现实生活中，我们见到的多是具有报复之心和憎恶之情的人，而那种具有宽容的博大胸怀的人，必将在众人中脱颖而出。

另外，即便只从"利己"的一面出发，忘掉过去的仇怨，可以使我们轻装上阵，心中充满了自信与安定。

一个威风凛凛的大力士名叫赫格利斯，从来都是所向披靡、无人能敌的，因此，他是何等的踌躇满志、春风得意，唯一的遗憾就是找不到对手。

有一天，他行走在一条狭窄的山路上，突然，一个趔趄，险些绊倒。他定眼一瞧，原来脚下躺着一只袋囊。他猛踢一脚，那只袋囊非但纹丝不动，反而气鼓鼓地膨胀起来。赫格利斯恼怒了，挥起拳头又朝它狠狠地一击，但它依然如故，仍迅速地胀大着；赫格利斯暴跳如雷，拾取一根木棒朝它砸个不停，但袋囊却越胀越大，最后将整个山道都堵得严严实实。

气急败坏却又无可奈何之下，赫格利斯累得躺在地上，气喘吁吁。不一会儿，一位智者走来，赫格利斯懊丧地说："这个东西真可恶，存心跟我过不去，把我的路都给堵死了。"智者淡淡一笑，平静地说："朋友，它叫'仇恨袋'。当初，如果你不理会它，或者干脆绕开它，它就不会跟你过不去，也不至于把你的路给堵死了。"

　　人生在世，人际间的摩擦、误解乃至纠葛、恩怨总是在所难免，如果肩上扛着"仇恨袋"，心中装着"仇恨袋"，生活只会如负重登山，举步维艰了，最后，只会堵死自己的路。一味与仇恨较劲儿，浪费的是你的青春与精力。当有一天自己钻了牛角尖的时候，你可以换一种新的思维方式，把自己的力量都放在喜欢的、能产生成绩的事情上；你可以拍拍手转身走掉，决不会遭到任何阻拦。

　　安德鲁·马修斯在《宽容之心》中说过这样一句能够启人心智的话。"一只脚踩扁了紫罗兰，它却把香味留在那脚跟上，这就是宽容。"生活如海，宽容作舟，泛舟于海，方知海之宽阔；生活如山，宽容为径，循径登山，方知山之高大；生活如歌，宽容是曲，和曲而歌，方知歌之动听。

失意人前勿提得意事，得意人前勿提失意事

失意人前勿提得意事，得意人前勿提失意事。人有悲欢离合，当你的朋友、同事、家人或上司遇到一些失意的事情时，你的第一反应肯定是去安慰一下甚至是给他出谋划策，殊不知，这却是一个当着瘸子说短话的行为。俗话说物极必反，无论做什么事情，都得把握一个度，特别是在彰显自己的时候，一定要记得这一点。

生活中，有些人总喜欢在别人面前炫耀自己的得意之事，总以为这样就会让朋友高看自己，使别人敬佩自己，殊不知，别人并不愿意听你的得意之事。自我炫耀，反而适得其反。不要在失意者面前炫耀你的得意，因为你的得意衬托出别人的倒霉，甚至会让对方认为你炫耀自己的得意之事便是嘲笑他的无能，让他产生一种被比下去的感觉，特别是失意的人，你在他面前炫耀自己的得意之事，他会更恼火，甚至讨厌你。

关于这一点，台湾著名作家刘墉曾写过这样一个故事：

某部门的王经理、小张、小王、小邱等一起炒股。起初两个礼拜王经理都是每猜必中，所以其他人都把王经理奉若神明，大家都向他看齐，王经理买什么，大家必跟着他。王经理因此故弄玄虚起来，说自己炒股获利完全得益于自己得天独厚的"第六感"。

可是，上帝似乎跟他开了一个很大的玩笑，王经理在那次"演说"之后，每炒必亏，这引起了众人对其"第六感"的质疑。最后，以小张为首的众人成立了炒股"自救会"，不再听从王经理的建议，而是集众人智慧集体炒股，甚至让王经理跟他们一起干。

这个时候，唯独小邱一人对王经理的态度依然如故。当炒股"自救会"举行庆功宴时，小邱却独自与王经理吃便当。最后的结果是，在王经理因炒股"血本无归，债台高筑"辞职时，他向上司举荐了小邱为下一任经理。

小邱的成功在于他运用了一个正确的处世之道：当着瘸子不说短话，失意人面前不提得意事。试想：众人举行庆功会，是不是对王经理的揭短？在王经理看来，这就是当着他这个股市失意人谈得意事，他能不记在心里吗？

而小邱则正好相反，他懂得如何安慰一个失意的人，居然他私下也不再按照王经理的"第六感"买股票了，但在表面上却从不显露出来。其实，小张劝说王经理和他们一起干的动机是好的，希望他不要亏得太多，但是这种做法，对王经理而言无异于扇了他一个耳光。小张的做法是典型的好心办坏事，那么，是不是看到别人落难就不去安慰了呢？

肯定不是的，关键是看安慰的方式。最好的方式就是你也以失意人的角色去安慰他，而不是以一个得意人的身份去指导他。

张伟的部门主任因为工作绩效不好而被降职，上面很快就调来了一个新领导。由于原来领导的群众根基比较深，再加上他对新领导的不满，整个部门的同事仿佛是将新领导架空了。只有张伟一个人主动和新领导套近乎，经常一起抽烟、一起喝酒、一起吃饭。在谈话中，张伟经常有意无意地向新领导透露原来的领导不喜欢他等信息，这让新领导打心眼里认为，他和张伟"同是天涯沦落人"。

后来，由于工作出色，新领导得到提拔。他自然没有忘记张伟这位"落难"时的兄弟，在上任的第二天就提拔张伟做了他的助理。其实，新领导不知道这样一件事情：张伟当时之所以能够进这个部门，是因为原来的领导是他的亲舅舅。

我们不防换位思考一下，当你遇到失意之事，别人在你面前大谈自己的得意之事时，你的心情如何？因此，必须要学会换位思考，失意之前，不说得意之事。

台湾作家刘墉的文集中有这样一段话极富哲理：

失意人前，勿谈得意事。因为那只可能加重对方的落寞感，所以即使万事顺心，也要故意说些辛苦处给朋友听。

　　得意人前，勿谈失意事。因为得意人常不能体谅失意者的痛苦，所以即使有许多不如意，也要振作起精神。

　　失意时交的朋友，得意时常会失去。因为他觉得你高升了，不再是他的一伙，他不愿意高攀，也高攀不上，你无心的一言一行，都可能引起他自卑的敏感。

　　得意时开罪的朋友，失意时也难以挽回。因为他觉得你昔日气焰的消失，不是因为你变得谦和，而是因为走投无路，才回头搭老交情。昔日你不认他，他今天也不认你。

第四章

适时保留意见，才能自如行走

　　天真的人"心口如一"，想什么马上就要表达出来。让人一碗水看到底之后，你的能力和智慧就会受到怀疑，不要让人把你看得太透彻。适时保留意见才能自如地行走于社会。

多绕几个圈子，可能效果会更好

生活中不少人是"直肠子"，"一根筋"，为人处世"碰到南墙不回头"，几头公牛都拉不回来。这样的人最该学点迂回术，让自己的大脑多几个沟回，肠子多几个弯弯绕，神经多长些末梢。一言以蔽之：多绕几个圈子。

一马平川的坦途是人们所希望和企求的。然而世上哪有那么多省时、省力的阳关大道任我们驰骋？在遇到暂时无法逾越的障碍时，我们要巧妙地选择走"之"字型，在换方向前，松口气，等力气稍恢复后再往上走，有时反而能更快到达。

18世纪初，俄国和瑞典为争夺波罗的海制海权发生了大规模的战争。瑞典在第一次进攻失利以后，经过认真的准备，纠集强大的海军和陆军，又向俄国发动第二次进攻。

瑞典的这次进攻来势凶猛，军队很快就在俄国沿海登陆。当时俄国沿海地区兵力薄弱，俄军被瑞典人逼得一再后退。俄国军民人心浮动，国内一片混乱。在俄国面临危急之际，彼得大帝异常冷静。他知道瑞典国王查理十二和瑞典军队的将领们一向做事小心谨慎，优柔寡断，缺乏勇敢的精神和坚定的意志。如果利用瑞典人的这一弱点，俄国就会转危为安。

于是，彼得大帝派遣一大批紧急信使携带着他的亲笔命令奔赴各地。他的这些命令要求各地的指挥官立刻派援军支援沿海地区。当然，彼得大帝所提到的这些援军有的根本不存在，有的远水解不了近渴。负责传送命令的信使故意糊里糊涂地乱走，粗心大意地暴露身份，结果被瑞典人俘获，身上的密信也被瑞典人搜出。瑞典将领对彼得大帝的绝密命令十分在意，认为俄国人隐瞒了军事实力，俄国军队之所以不加以顽强的抵抗而退出沿海地区，是因为他们有着更深远的计谋。在这种思想的支配下，瑞典军队放弃已占领的俄国沿海地区，迅速后撤回国。

彼得大帝以一纸假书信吓退了敌人，不费一枪一弹就解除了瑞典军队对沿海地区的围困，保住了圣彼得堡和战略设施工程，使俄国渡过了难关。

俄军一再溃退，国内人心惶惶；瑞典海陆军勇猛强大，节节进逼，俄国似乎只有败退这一条路了。瑞典虽形势旺盛，其领导层却多疑而优柔寡断。彼得大帝深知这一点，故使出无中生有之计，成功地左右了瑞典军队的行动，使其迅速撤退回国，从而保存了俄国的领土与军队。

对于非常强大的敌人或障碍，如果我们没有必要的条件和充足的力量去打垮它，而一味地直线前进，盲目蛮干，那是匹夫之大所为，轻则徒劳无功，重则头破血流，丢盔弃甲，招致惨败。实现自我，我们应该多一点韧性，在必要的时候弯一弯、转一转，因为太坚硬容易折断，唯有那些不只是坚硬且更多一些柔韧和弹性的人，才能克服更多的困难，战胜更多的挫折。

经验告诉我们：一个人在为人处世中，若斤斤计较，处处与人发生摩擦，即便他本领高强，聪明过人，也往往会使自己壮志难酬，事业无成。年轻人未经社会的打磨，总呈现出棱棱角角，容易碰壁，为了减少前进中的阻力，为了集中精力去实现自己的理想和愿望，必要时，我们应该做出某种让步或妥协，即用"圆"的方法去取代"方"的精神，当然也不能把"方"全丢了。人们活在复杂的社会当中，像舟行于江河，处处有"风浪"，有阻力，而一个人如果时时事事以"方"处之，以硬碰硬，竭尽全力与阻力相较量、相抵抗，甚至拼个你死我活，这样做的结果，一来精力难以承受，二来树敌太多，更不好过，与其如此，何不适当地用些"圆"的方法，积极地去设法排除一些困难或减少部分阻力，这样不就使通向成功的路上少几块绊脚石了吗？

明代海虞人严养斋，曾经当过主管考察官员的吏部尚书，后来又当了宰相。他准备在城里盖一座大宅子。地基已经测量好了，唯独有一间民房正好建在地基之内，这样使得整个建筑达不到预期的效果。房主是卖酒和豆腐的，房子是他的祖辈传下来的基业。工地的负责人想高价买下他的房子，但是这家人坚决不同意。负责人便很生气地报告给了严养斋，严养斋平静地说："没关系，可以先营建其他三面嘛!"就这样，工程破土动工了，严养斋下令工地的人每天所需的酒和豆腐都到那户人家去购买，并且先付给他们定钱。那家的夫妻因店小而工地上的人所需的酒和豆腐数量又很大，人手一时忙不过来，供给不上，就又招募工人来帮忙。不久，招募的工人越来越多，他们所获得的利润也越来越丰厚，所贮存的粮食大豆都堆积在家里，酿酒的缸及各种器具都增加了好几倍，小屋子里实在装不下了。再加上他们感激严相公的恩德，自愧当初抗拒不搬的行为，于是，就主动把房契送给严养斋，表示愿意让出房来。严养斋就用附近一处更宽绰一点的住房和他们调换，这家人非常高兴，没过几天就搬走了。

　　一般情况下，"直接式"处理问题，能快捷、迅速、及时地把问题搞定，是处埋一般性问题的很好方式。对于那些非常困难的问题，我们就要动动脑筋，变换一下思路，不去向敌对者直接挑战，不去触动和攻击障碍本身，而选择避实击虚、避重击轻的迂回方式，先去解决与它发生密切作用的其他因素，最后使它不攻自破或不堪一击，这样比起硬碰硬的真打实敌，岂不更好？

实力尽显，会惹来麻烦

"木秀于林，风必摧之。"具有实力和能力的人不一定会在办公室政治中笑到最后，即使不是由于自己的张扬惹得他人生厌，也会因为出众的才华而招致旁人的嫉妒，甚至是同事的排挤和上司的打压。

虽说"酒香也怕巷子深"，表现自己的能力并没有错，但是过分的表现往往会造成"高处不胜寒"的凄凉场面。所以，秉承中庸之道，适度地低调一些才是明智的选择。

沈万三是元末明初之人，号称江南第一豪富。原名沈富，字仲荣，俗称万三。

沈万三拥有万贯家财，但他却不懂得"低调"两个字怎么写。曾经为了讨好朱元璋，给皇帝留一个好印象，沈万三拼命地向新政权输银纳粮，竭力向刚刚建立的明王朝表示自己的忠诚。而朱元璋也想利用这个巨富的财力达成自己的愿望，就命令沈万三出钱修筑金陵的城墙。沈万三负责的是从洪武门到水西门一段，占到金陵城墙总工程量的三分之一。沈万三不仅按质按量提前完工，还提出由自己出钱犒劳修筑金陵城墙的士兵。沈万三这样做，无非是想讨朱元璋的欢心，但万万没想到自己的一番好心却弄巧成拙。朱元璋一听，当下就火了，说："朕有雄师百万，你能犒劳得了吗？"这时的沈万三还没有听出朱元璋的话外之音，面对如此刁难，他居然还是毫无畏惧地表示："即使如此，我依然可以犒赏每位将士银子一两。"

朱元璋听了大吃一惊，在与张士诚、陈友谅、方国珍等武装割据集团争夺天下时，朱元璋就曾经因为江南豪富支持敌对势力而让自己吃尽苦头。现在虽然说已经将对手打败，建立新的国家，但国强不如民富，这使朱元璋感到不能容忍。更使他火冒三丈的是，如今的沈万三竟敢越俎代庖代替天子犒赏三军。朱元璋心里怒火万丈，虽没有立即表现出来，却暗自决定要找机会治治沈万三的骄横之气。

一天，沈万三又来向朱元璋大献殷勤，朱元璋给了他一文钱说："这一文钱是朕的本钱，你给我去放债。只以一个月作为期限，初二起至三十日止，每天取一对合。"所谓"对合"是指利息与本钱相等。也就是说，朱元璋要求每天的利息为百分之百，而且是利滚利。

沈万三虽然满身珠光宝气，但是他腹内却没有多少墨水，财力有余而智慧不足。他心里一盘算，第一天1文，第二天本利2文，第三天4文，第四天才8文嘛。区区小数，何足挂齿？于是他非常高兴地接受了任务。可是回到家里再仔细一算，沈万山就不由得傻眼了。第十天本利还是512文，可到第二十天就变成了524288文，而到第三十天也就是最后一天，总数竟高达536870912文。要交出5亿多文钱，按照这个数目，沈万三就是倾家荡产也不一定够啊！

当然，后来沈万三果然倾家荡产，朱元璋下令将沈家庞大的财产全数抄没后，又下旨将沈万三全家流放到云南边境。

昔日的江南第一豪富，终因张扬过度，而落得人财两空的下场。做人要善于宣传自己，但也一定要懂得隐忍和隐藏自己，特别是在位高权重的人面前，更要懂得收敛自己，因为这些人大都不喜欢身边的人锋芒盖过自己，否则就会遭至嫉妒和算计，甚至是灭顶之灾。所以，要想成功，就要学会在任何时候都要把握好自己的尺度。

物极必反，无论做什么事情，都得把握一个度，特别是在彰显自己的时候，一定要记得这一点。做人要懂得彰显自己，否则会影响自己的知名度，但是做人也不能过于张扬自己，否则还没到成功之时，就可能大祸临头了。"人怕出名，猪怕壮"说的就是这个道理。

要想成就大事业，为人处世时就要学会隐藏自己，不要轻易暴露自己的底细，而且在自己得意的时候，更要懂得隐藏的道理。这样才能避开灾难，万事大吉。

高瞻远瞩，口头上的胜负无所谓

看得远才能走得远，把目光放远一些，一是看清方向，走得顺利，不至于总是遇到障碍走回头路；二是走起来不会太累，能走得快走得远，成语"高瞻远瞩"正是蕴含这种"站得高，看得远"的人生哲理。

红顶商人胡雪岩说过这样的话："如果你拥有一县的眼光，那么你可以做一县的生意；如果你拥有一省的眼光，那么你可以做一省的生意；如果你拥有天下的眼光，那么你可以做天下的生意。"可见，经商赚钱需要眼光，而做事做人同样需要眼光。如果你目光短浅，那么你永远也达不到自己的终极目标。一个真正有成就的人都是高瞻远瞩的人，一个眼光长远的人不会计较一时的痛快和口头上的胜负。

郑晖从业已经有五六年了，他的技术和工作态度都没得说，他唯一一个缺点就是脾气太直，说话太冲，这使得他遭受了不少挫折。

郑晖在一家公司干了三年，逐渐从一般的技术人员做到了一个小工头，并有望升到主管的位置。然而一件事却使得他的升迁之路被彻底地堵死了。

那是一个星期天，郑晖正在对公司模具部门的工模进行盘点，作为主要负责人的他对盘点事项做了详细的安排，一切安排妥当之后，工人们开始在闷热的车间里有条不紊地进行着各项工作。不知什么时候，上司过来了，看了他的工作步骤后断然说："停下来，停下来！"然后又指点应该如何去做。郑晖向上司解释了方法的具体步骤并且说明这是他多年来的经验积累，工人们已经熟悉了这种工作方法，而且工作进行得很好。郑晖又对上司说，你的指示虽好，但用于模具盘点不合适。上司听了这话，立即阴沉了脸，用生硬的口气命令，必须按他说的要求去做。但是郑晖觉得他的指示里含有明显的漏洞，于是据理力争，接下来双方

57

理所当然地发生了激烈的争吵，上司暴跳如雷，郑晖也气得脸色铁青。最后郑晖甩下话说："既然你那么坚持，那就让他们按你说的去做吧，出了什么问题我可不管。"说完他就离开了车间。事后郑晖手下的工人们还是遵循了他的方法，上司的提议在实际工作中确实行不通。

之后郑晖慢慢地把这件事淡忘了，只是每次同事获得加薪或晋升时，他却总是靠边站。他和上司偶尔见面的时候，上司有时候会对他轻轻地笑一笑，这意味深长的目光，即使是直肠子的郑晖也醒悟到了一些东西。他终于明白，其实这件事情还没有过去，至少对上司而言是如此。

最终郑晖选择了离开。离开公司的那天，他忍不住去问上司，到底是不是因为那件事情才使得他成为了升迁的"局外人"。上司摇了摇头，又肯定地点了点头，说："你要记住，没有上司愿意被下属顶撞，哪怕只有一次！"郑晖苦笑着离开了。

在工作中无论上司是对是错，你都要先听他说，然后再婉转地表达自己的见解。在上司正确的情况下，下属对上司表现出应有的尊重，这点比较容易做到。但是，假如觉得上司错了，一般下属的心里就憋不住劲儿，想和上司理论一番，甚至直接指出他的过失。这样，上司虽然在心里认为你可能是对的，但面子上肯定会挂不住，一定会把你视为一个可恶的下属，从而不会想着给你晋升的机会。

一般来说，上司都有着非常强的尊严和成就感。行使权力，发布命令，使事情向着自己所预想的目标发展，会给他带来这种感觉。因此，对于上司来说，侵犯尊严等于是对人的污辱和蔑视，是绝对不能被容忍，更不能被谅解的"大逆不道"的犯上之举。这是身为下属的人在与上司打交道的时候，要铭记在心的处世箴言。

然而有许多时候，下属的冲撞会使上司下不了台，面子难堪。如果上司的命令确有不足，采用对抗的方式去对待上司，这无疑会使他感到尊严受损。特别是在一些公开场合，上司是十分重视自己的权威和面子的，或许他会表示可以考虑你的建议，但他绝不会允许你对他的权威提出挑战。

"小康，请你今晚把这一叠讲义抄一遍。"经理指着厚厚一叠稿纸对秘书小康说。小康听到此言，面对讲义，面露难色，说："这么多，抄得完吗？"

"抄不完吗？那请你另觅轻松的去处吧！"也许经理正在气头上，于是小康成了众目睽睽下的受气桶。

像小康这样直接生硬地拒绝上司的要求，给上司的感觉是她在对抗，不服从指示，因而使上司威信扫地，被斥责也就难免了。

其实，她可以处理得更灵活些。她不妨这样，立即搬过那一堆稿子埋头就抄起来，过一两个小时后，把抄好了的稿子交给经理，再委婉地表示自己的困难，那样经理肯定会很满足于自己说话的威力，并意识到自己要求的不合理处，而延长时限。

一个人即使是天才，一味地任性使气，也是很难立足的，而且会招致难料的厄运。我们应认清形势，把自己的位置摆正，才能做到自我保护。

古人云：识时务者为俊杰。识时务者，识荣辱、知进退也。识时务者，知道什么是好的，什么是坏的，知道什么时候进，什么时候退，决不会去拿鸡蛋碰石头。他会刚柔并济，在自己不得意的时候，退一步，保存实力，以待来时。真正的大丈夫不一定是那些纵横驰骋如入无人之境、冲锋陷阵无坚不摧的英雄，却会是那些看准时局、能屈能伸的聪明者，他们懂得或阴或阳，或柔或刚，或开或闭，或弛或张，能够适应不同的环境，采用不同的生存与发展方式。也就是我们在这里所说的高瞻远瞩的策略，一时吃亏不会影响成败，更不必计较于口头上的胜负，学会从容退让，暂时忍辱受屈，暗地里默默积蓄力量，等待转败为胜的时机。一时的容忍决非是对命运的屈服，也不是卑躬屈膝，而是对未来的铺垫和积累，为成功做的一次投资。是为人处世的一种柔软，一种权变，也是一种高明的生存智慧。

冷静应对对方的激动情绪

在日常的工作、生活中，难免会遇到一些爱发脾气的人，其实谁都有发脾气的时候，终生不发一次脾气的人是没有的。其区别仅仅在于，有人脾气大，有人脾气小，有人是乱发脾气，有人故意用发"脾气"去达到一定的目的。面对这些人，我们应该冷静地面对和解决这些问题，如果解决不了，不妨放一放或者想想好的情况。改善我们的生活状态或达到工作目标需要一个冷静的头脑和冷静的思维。当人愤怒或处理负面情绪时都会间接的减低我们的智商。遇事冷静，做事之前多考虑，这样才能更好地面对生活、面对工作！

从1930年开始统治伊索比亚长达四十年的海尔·塞拉西，年轻时原名利杰·塔法里，他出身贵族家庭，很小的时候，他就展现出充分的自信与王者之风，令身边的每一个人都啧啧称奇。

塔法里十四岁便进入宫廷，立刻给国王曼涅里克留下了深刻印象，并成为他的宠儿，塔法里受到攻击时的优雅风度、他的耐性以及沉着的自信令国王倾倒。其他年轻贵族，既傲慢自大又装腔作势，而且嫉妒心强，他们总是欺压这位带着书卷气的瘦小少年。然而塔法里从来不发怒，他知道发怒是缺乏安全感的表现，而他不会屈服于这样的情绪。他身边的人已经感觉到他总有一天会成就大业，因为他的表现仿佛已经坐上了王座。

1936年，意大利的法西斯党攻占伊索比亚，已改名为海尔·塞拉西的塔法里流亡国外，他在国际联盟发表演说，请求协助。听众席上的意大利代表以粗鄙的辱骂妨碍他演说，但是他依然保持尊贵姿态，仿佛完全不受影响。这使得他更受推崇，也让他的对手看起来更加丑恶。

事实上，尊严是你处在困难局势时必须要戴上的面具。仿佛任何事情都影响不了你，你拥有全世界的时间来回应，这是极为有力的姿态。

真英雄之所以是真英雄，不仅在于他的勇猛或胆识，更在于他的肚量和策略，他不与小人一般见识，不逞一时之气。这不仅反映出他内心所拥有的真正昂扬的志气，而且显示出他的镇定和大度，心中不存争强好斗、傲气逼人的狭隘思想。

差不多每个人都有自己的生存技巧，碰到与我们不一样的观念时，先不要当即就生出鄙夷之心，他那么做，自有他的道理。世上有多少小河沟里翻了船的人，就是因为控制不了自己的脾气，然后一不小心，就钻进他人设好的陷阱里。

第二次世界大战之后，日本几乎是一片废墟，此时，吉田茂出任首相，在他七年的任期之内，的确为日本的战后重建立下了汗马功劳。吉田茂最具特色的风格，是他浓厚的贵族意识，面临大事常常激发出一股"舍我其谁"的气魄。

1953年2月日本国会进行当年预算审议时，一位右派民主社会党议员西村荣一质询时首先发难："首相施政演说中对国际形势如此乐观，根据何在？"吉田茂答道："目前战争危机已远离而去，英国的丘吉尔首相，美国的艾森豪威尔总统都这样说过，我也这样认为。"西村荣一又咄咄逼人地说："我不要听英国首相或美国总统的意见。"吉田茂傲然回答："我是以日本总理大臣的身份答询的。"这时吉田茂已经有些烦躁了，西村荣一却是寸步不让，再以言辞激怒对方："你不要得意忘形！"吉田茂也回敬说："你不要口出狂言！"西村荣一问："什么是狂言？"如此针锋相对，一来一往，吉田茂在情急之下，冒出一句"无礼者，马鹿野郎(混蛋)"的骂人的话，怒气冲冲。西村荣一当然受不了，要求吉田茂收回刚才的怒骂。一时，会场的气氛异常紧张。吉田茂总算识大体，强压住怒气，当场表示言语不妥当。

但西村荣一并不就此罢休，他抓住吉田的失误，乘胜追击，发动了"吉田首相惩罚动议"，随后在众议院竟然获得通过。这是日本政治史上第一次出现"惩罚"首相的临时动议，对吉田茂威信的打击之大，可以想象。十二天之后，在野党乘机提出"内阁不信任案"，也获众议院通过。吉田茂只好随即解散了众议院，但却弄得自己声誉扫地，不久他就下台了。这就是有名的"马鹿野郎解散"

事件，成为吉田茂政治生涯中的一大憾事。

还有一种情况，多发生在上下级之间，有些上司生性脾气不好，易发火，经常在人不明原因的情况下就大发雷霆，弄得下属不知如何应付。

在不了解情况时，作为下属的你千万不要冲动，因为上司的发火有时是没有什么依据的。此时应该弄清原因对症下药，这样不仅能够化解上司的怒气，还会让他对你的冷静留下深刻的印象。

面对上司的坏脾气我们要学会冷静对待，小事不与其计较；原则性的大事，也不可脾气暴躁，更不能耍小孩子脾气，一定要态度诚恳地与他协商。值得指出的是，那些在上司对其发脾气之后，特别是受到委屈对待时，能主动向上司表示亲近的员工，将会被视为聪明的、理智的人。这不是委曲求全，而是一种良好的素质修养。此时，最愚蠢的行为，莫过于当场与上司对抗、顶撞。如果我们觉得自己下不了台，不如反过来想想，假如我们当面顶撞了领导，领导同样下不了台。倘若我们能在领导耍威风时给他面子，起码能说明我们大气、大度、理智、成熟。只要领导不是存心找你的茬，冷静下来的他一定会反思，我们的表现一定会给他留下深刻的印象。

日常生活中，我们常看到这样的情况：相互无意的碰撞，却闹得脸红脖子粗；因一些鸡毛蒜皮的小事，也在那里大动肝火；为一些无关紧要的纠纷，争吵怒骂，没完没了……这些都是一些自制力差的人表现出来的一种不良情绪。我们也清楚：躲避那些不良情绪是不可能的，我们应该主动调节情绪，学会冷静，达到内心世界与外界环境的平衡，从而保持身心健康。在遇到冲突、矛盾和不顺心的事时，还必须学会处理矛盾的方法，明确冲突的主要原因是什么，解决问题的方式可能有哪些，哪些解决方式是冲突双方都能接受的。学会管理和调控自己的情绪，是每个人走向成熟、迈向成功人生的重要基础。

切记勿亮自己的底牌

有的人心里藏不住事，有时因冲动而和盘托出全部真相，人生中并非所有真相都可以讲。真诚固然可贵，却不是人人都是以诚相待。冲动是泄露的大门，随意亮出自己底牌的人可能会输掉人生的很多机会。

为人处世应设法保持自己的神秘，亮出自己底牌的人让别人按牌来攻，肯定会输掉。混得再不好，也不要向别人诉苦，而要做出成功的样子；同样，即使很成功也不要亮底曝光，出人意料更能使人心悦诚服。

在现实中，我们为人处世一定要善于隐藏自己，有些时候不要轻易暴露自己的底细，而且在自己得意的时候，更要懂得隐藏的道理。这样才能把灾难避开，才能万事大吉。

有一次，冯道接到命令让其出使契丹，而他到了契丹后，竟意外地受到礼遇，契丹王还有意要留用他。冯道其实并不想留在契丹，但是又不好拒绝。于是，他一边上奏契丹王说："辽与后晋也算是父子关系，事子就如事父，这样看来，我现在实际上等于出仕两朝。"他说这话，意在博取契丹王的好感。而另一方面，冯道命令属下购置薪炭，以备寒冬之用，向契丹王表示他不敢逆旨回国。

经过冯道的这一番动作，契丹王觉得他实在是一个难得的"忠义"之士，且有隐衷难言，顿时心生怜悯，就放冯道回国赴命去了。然而这时，冯道却故作姿态，假意留在契丹不走，经过契丹王多次催促，他才慢慢收拾行李。出发后，他还沿路停留，表示他舍不得离开的依依之情。于是一行人费时一个多月，才回到本国。

随行的官员对此大为不解，便问他："既然大人您也归心似箭，恨不得插翅飞回，为什么却老是盘桓不走呢？"冯道说："我这是以退为进，隐藏自己的真实想法。其实我何尝不希望早点回国呢？但是无论我们怎么赶路，契丹人只要快马加鞭，一日之内就可以追上我们。因此，我就佯装对辽地有不舍之情，这是为了避免对方知道我真实的想法。"

回国后，他自然又受到了后晋皇帝的赏识和信任，因为皇帝认为他能不恋异国之封，而毅然归来，实在是难能可贵。

正是因为冯道善用心计，八面玲珑，没有向契丹王亮出自己的底牌，才得以保护自己和整个出使队伍安全回国。

把底牌攥在自己手里，就可以隐藏实力，别人永远搞不清楚你到底有多少斤两，而这就是你在必要时求胜的最好本钱。

在山区有一种鸟捕鱼的技术十分高明。这种鸟体态十分轻盈，浑身羽毛油黑发亮，像一个小精灵。它在岸边的枝头上停下的时候，头颈的转动频率之快十分惊人，大约一秒钟就有三次左右。它这样做的目的，是不放过任何一次猎物出现的机会。果然，它瞄准了一处深水湾，那里鱼儿成群，正在来回游动。它得意地用嘴整理一下羽毛，而后挺直身子，如子弹一样射向正对深水湾的空中，稍一停顿，又如炮弹一样"咚"地一声扎进水湾。

我们一定以为它在这一瞬间会叼起一条鱼来的，其实错了——它是直入水底后迅疾将身子收作一团，蜷缩在湾底的砂石上。起初被惊得四散而逃的鱼儿见无什么动静后，又慢慢围拢过来，好奇地看着那团射进水里的、在阳光下显得十分怪异的东西，有的鱼儿甚至凑过去试探性地叮咬几下，希望那是一团美味。

此时的它，看似不动声色，其实正微睁双眼四下观望。很快就瞄定了一条又大又肥的鱼儿。待这条大鱼游到它攻击的最佳位置时，便从湾底展开身子，箭一般射出去。那鱼儿尚未反应过来，便被它叼住，蹿离水面，落在岸边的枝头上。

许多刚从学校毕业的年轻人，不懂得这种心理，总是夸耀自己的学历、本事和才能，希望自己能早日被重用。其实，往往事与愿违。明智的做法是：先降下身份和面子，甚至让别人看低自己，克制自己的欲望和冲动，不过早地暴露自己的才华，逐渐积蓄自己的实力，当你默默无闻的时候，你会因一点成绩一鸣惊人，这就是深藏不露的好处。然后再寻找机会全面地展现自己的才华，在知己知彼的情况下，获得竞争中的主动权。

尤其在大公司中，因为人多，难免会有争权夺利、勾心斗角的事情发生。而有许多人正是善于钻营奔走、挑拨离间。每逢公司有人事上的升迁调动时，不仅流言满天飞，同事见面亦是言不由衷，尴尬万分。何以会有这种情形？当然是有人泄露了人事上的机密，于是添油加醋，以讹传讹，搞得人心惶惶，既破坏公司的和谐，又影响士气。

一般说来，如果你是上级所赏识的人，遇到有升迁的机会时，你的上司必定会召见你，对你的工作、生活等有所了解。此时不管你的上司是否对你有具体的承诺，你一定要守口如瓶，如果能达到这个境界，你才会让别人认为你是可做大事的人。这个人事动态便是你的一张底牌。

要做到严守底牌，最好的办法是以静制动，或是干脆置之不理。如果说你的地位重要到能够引起人们的期待心理，此种情况更是如此。即使你必须亮出真相，也最好避免什么都和盘托出，不要让人把你里里外外一览无余。小心谨慎是靠小心缄默来维持的。

第五章

雕琢话语，你才会受欢迎

　　为什么有些人会好心办坏事，究其原因，是他们不懂得说话的分寸、口无遮拦的作风耽误了他们。在人与人的交往中，坦率直言固然值得称道，但怎样能把话点到人心，是一种非常重要的技巧。

学会三思而后"言"

社交中，一些年轻人说话不经过大脑，想到什么就说什么。这些话在他们自己听来没什么，但对方听来却常常是不恰当的、没分寸的，结果不知不觉中就得罪了人。

与人交往时，说话一定要有分寸，少说甚至不说别人不爱听的话，以免触怒对方，影响人际关系的质量。

宋光心地善良，乐于帮助人，可是还是被人排挤，让人讨厌，为什么呢？原因是他说话经常得罪人。

一次，他热心地为一个男同事介绍对象："这个女孩，个子长得高，而且也很漂亮，你去见见，我看你们俩挺合适的。"同事很感兴趣，就向他询问了这个女孩的具体情况。听他介绍完以后，同事觉得这个女孩条件不太适合自己，但不好意思对宋光直说，就委婉地对他说："我现在很忙，暂时还不想处朋友，以后再说吧！"宋光听同事这样说，知道同事不同意，就一副不高兴的样子说："你有什么了不起呀，这也不行，那也不行，你还想找什么样的？你真是太狂了。"同事一听这话，当时就生气地说："我现在就是不想处朋友，你操哪门子心呀！不同意，就是不同意，要是真的那么好，你自己处算了，反正你也没有对象。"

其实，宋光为朋友介绍对象，不管成与不成，同事都应该好好地感谢他才对，可是由于他的言语不当伤到对方自尊心，引起了同事的不满，才对他以牙还牙的。本来是一件好事情，因为他没有把握好，反而得罪了人，真是"费力不讨好"。现实生活中，像宋光这样的人大有人在。

一个女孩要到深圳去闯一闯，临行前，去看望一个过去十分要好的朋友。

当朋友得知她要到深圳去发展时，不但没有鼓励她，反而嘲笑她说："你在这个小地方还没混出个样来，还要到深圳去发展？深圳就缺你呀!那是什么地方？走到街上迎面遇到三个人，两个本科生，一个博士生!中专生到那里怎么混啊!我看比你强的人，出去的也没几个发展好的，你还是好好想一想吧!作为朋友我提醒你，要看清自己有多少斤两。"女孩听了这话，很是生气，起身离开了朋友的家。在她脑海里，始终记着朋友这些话。

作为朋友，在这个时候即使不说鼓励的话，也不应该泼冷水，这会伤害朋友的自尊心，影响日后的交往。

其实，心直口快的人往往品质并不坏，就是说话没有轻重，措词也不讲究，容易引起误会。只要一开口，就得罪人，久而久之，人们就会从心底里不愿与这样的人来往。

要想拥有好人缘，在与人交往中，就一定要注意说话的分寸，多站在他人的立场上考虑问题，为他人着想；尽量不要触怒对方，这不利于自己人际交往的质量。同样是一句话，在不同的场合，所起的作用完全不同。一个在社交场中游刃有余的人，深知在不同的场合，哪些话该说，哪些话不该说。

小雪是福建人，来京三年多了，几天前处了个对象，条件非常好：家在本地，有房有车，人品长相都不错。同事们都十分羡慕她，说她找了一个好对象，纷纷祝贺她。其中有一个同事却说："你条件也不太好啊，怎么偏偏找了一个条件这么好的？是不是这个人有什么毛病？"本来是很愉快的心情，被她这突如其来的话就给破坏了。另一个同事赶紧打圆场说："你怎么能这么说人家呢？咱们小雪条件也不差呀，皮肤又好，又苗条，个性也好，单凭这一点，什么样的找不着啊!"那个泼冷水的同事知道自己说走了嘴，不好意思地说："我不是那个意思，真的，小雪，你可别误会。我觉得你男朋友条件太好了，与你家条件太悬殊了，我只是觉得有点不可思议。"小雪很生气地说："你说来说去，还是在贬低我，怎么啦，我家条件是没有他家好，那又怎么样？他就是看上我了，有什么奇怪的!少见多怪，我看你才是有毛病呢!"

这个泼冷水的同事，其实也没有什么恶意，就是不知道说话的分寸。不知道哪些话该说，哪些话不该说，这么几句话，就把小雪给得罪了。即便她真的这么认为，也不该说出来，心里知道就行了，何必说出来，惹得人家不高兴呢？搞得自己也没有台阶下。

要想获得好人缘，与人交往时，说话一定要有分寸，少说别人不爱听的话，以免触怒对方，影响人际关系。为了赢得别人的好感，就要注意别人的心理需求，多为对方考虑，懂得为别人着想，这也是人成熟的重要标志。

很多时候我们都忽略了语言给人带来的伤害，其实说话也是具有艺术性的。

（1）伤心的事，不要见人就说。人在伤心时，都有倾诉的欲望，但如果见人就说，很容易使听者心理压力过大，对你产生怀疑和疏远。同时，你还会给人留下不为他人着想，想把痛苦转嫁给他人的印象。

（2）伤害人的事，不能说。不轻易用言语伤害别人，尤其在较为亲近的人之间，不说伤害人的话。这会让他们觉得你是个善良的人，有助于维系和增进感情。

（3）小事，幽默地说。尤其是一些善意的提醒，用句玩笑话讲出来，就不会让听者感觉生硬，他们不但会欣然接受你的提醒，还会增强彼此的亲密感。

（4）急事，慢慢地说。遇到急事，如果能沉下心思考，然后不急不躁地把事情说清楚，会给听者留下稳重、不冲动的印象，从而增加他人对你的信任度。

（5）尊长的事，多听少说。年长的人往往不喜欢年轻人对自己的事发表太多的评论，如果年轻人说得过多，他们就觉得你不是一个尊敬长辈、谦虚好学的人。

（6）自己的事，听别人怎么说。自己的事情要多听听局外人的看法，一则可以给人以谦虚的印象；二则会让人觉得你是个明事理的人。

（7）别人的事，小心地说。人与人之间都需要安全距离，不轻易评论和传播别人的事，会给人交往的安全感。

（8）做不到的事，别乱说。俗话说"没有金刚钻，别揽瓷器活"。不轻易承诺自己做不到的事，会让听者觉得你是一个"言必信，行必果"的人，愿意相信你。

（9）没把握的事，谨慎地说。对那些自己没有把握的事情，如果你不说，别人会觉得你虚伪；如果你能措辞严谨地说出来，会让人觉得你是个值得信任的人。

（10）没发生的事，不要胡说。人们最讨厌无事生非的人，如果你从来不随便臆测或胡说没有的事，会让人觉得你为人成熟、有修养，是个做事认真、有责任感的人。

做一个善解人意的观众

交流的特征就是有说有听。为了做足你的人情，在与人交流中你除了会说，还要会听，做一个善解人意的听众要注意以下几点：

(1)全神贯注，认真聆听。这表明你是一个尊重别人的人，在聆听时要适时做出积极的反应，以表明你聆听的诚意。如点头、微笑或简单重复对方的谈话要点等。同时，恰如其分的赞美不可缺少，它能使交谈气氛变得更加轻松、友好。

(2)适当地提问。适当提问可以表明你正在用心地听，要不然不会提出问题。这可以满足对方的虚荣心，使其更有兴致谈下去。若做"永远"的听众而不发一言，不仅与欢愉的宴会气氛格格不入，也会使说话者失去交谈的兴致。很多事实证明，会提问题的人会被对方认为是会说话的人，而并不在意他实质上什么也没说。

(3)不要轻易打断对方的讲话。随意打断或插话是听者忌做之事。因为这对说话者来说有不敬、失礼之嫌，应该尽量避免。如果你想补充对方的谈话内容或联想到与谈话有关的情况，需立即做点说明，这时可对谈话者说"请允许我补充一点"或"我插一句"，但这样的插话不宜过多，讲话不宜过长，以免扰乱对方的思路。但适当插一点，可以活跃谈话气氛。

如果你与对方持完全相反的观点，一般情况下，你也须待对方说完后再谈自己的不同看法。但如果说话的人滔滔不绝而你又毫无兴趣，觉得花时间和精力去应付他是十分不值得的，这时你应该用更好的方法，使他停止讲这类乏味的话。但千万要注意，不可伤害对方的自尊心。最好的方法是巧妙地引他谈第二个话题，尤其是一些他内行而你又感兴趣的话题。

(4)不要随便纠正对方的错误。无论对方说什么，你都不可随便纠正他的错误，如果因此而引起对方的反感，那你就不可能成为一个良好的听众了。批评或提出不同意见，也要讲究时机和态度，否则好事也会变成坏事。

不讲情面，害人也害己

在生活中我们经常会碰到这样一些人，尖酸刻薄，说话不讲情面，不给人留丝毫余地。在社会中，只要谁得罪了他，他就要鼓起如簧之舌，喋喋不休，不遗余力地对人冷嘲热讽、恶毒攻击之能事，他会将从你的爷爷到你的儿子、你的老丈人到你的妻子的秘密或者隐私都抖出来，让你无一丝颜面，自尊心受伤，狼狈不堪。但是要记住说话尖酸刻薄，足以伤人心，伤人心的最后结果，是伤了自己。

尖酸刻薄之人，一般表现为这么几种：一是贬损他人，抬高自己。在这种人眼里，别人微不足道，甚至可以当面贬损，以显示自己的非同寻常。说起话来毫不客气，甚至上纲上线，让被贬损者颜面扫地；二是自命清高，出语伤人。这种人总是用"手电筒"加"放大镜"来照别人，抓住一点，不及其余，颐指气使，好为人师，说起话来措辞强硬，咄咄逼人，让人无喘息之力；三是横加拒绝，没有礼数。生活中谁都难免会求人或被人求，对于求助者，遭到拒绝是很悲惨的事情，但尖酸刻薄之人绝不会想到这一层，而是不加解释，断然回绝，出言不逊，这对于别人的伤害，往往无法弥补；四是小仇大记，恶意报复。这种人常常是因为一点小事便对人怀恨在心，在别人完全不知情的情况下，他却早已"仇恨入心要发芽"，然后是苦思冥想，千方百计地寻找机会，设下圈套，必欲置之死地而后快；五是挑剔、唠叨，古灵精怪。这种尖酸刻薄之人更多地表现在一些夫妻的身上，美国前总统林肯和文学大师托尔斯泰，其实都死在一天到晚唠叨不停、挑剔不止的老婆身上。有人做过一个调查，1500个丈夫，几乎全部把妻子的挑剔唠叨、尖酸刻薄列为难以容忍的第一缺点。这些妻子大多具有支配欲，习惯对丈夫指手画脚，喝来斥去，轻视并耻笑丈夫做的每一件事。

尖酸刻薄的原因大多与一个人的教养有关。此人，要么从小娇生惯养，缺乏约束；要么从小生活环境恶劣，特别神经质；要么有心理疾患，以异样的眼光看世界。或惟我独大，或言行古怪，或行为怪癖。如果有谁不幸患了这尖酸刻薄的毛病，又不想去医治，结果就可能众叛亲离，在社会上，他只有失败，没有成功。即使在自己的家庭，父兄妻子也无法水乳交融。不过父兄妻子关系血浓于水，于不可原谅之中仍能原谅；而社会上的人就不会那么宽厚，给你来个以牙还牙，你就会成为众矢之的。所以说，尖酸刻薄，足以伤人，但最后受伤害最深的当属他自己。而要想医治，首先要学会做人，学会为人处事，学会温良恭俭让，学会谦虚待人，学会三思而后行，学会……

但是说话尖酸的人，未尝不自知其伤人，而乃伤人为快，这是什么道理呢？这也许是心理的病态，而心理之所以有此病态，也自有其根源，是后天性的，不是先天的。换句话说，就是环境的影响。

第一，他有些小聪明，且颇以聪明自负，而一般人却不承认他聪明，因此他有生不逢时之感；第二，他富有自尊心，希望一般人尊重他，可偏偏没有，因此他对于任何人都发生仇视的心理；第三，仇视的心理，郁积很久，始终找不到消释的机会，他自己又不知提高自身的修养，于是这种仇视心理只有走发泄的路。谁是他的仇视对象？因为刺激的方面太多，早已成为极复杂的观念，复杂简单化，每个与他接触的，都成为发泄的对象。他认为人们都是可恶的，不问有无旧恨，有无新仇，都要伺机而动，滥放冷箭。

这种人在社会上，只有失败，不可能有咸鱼翻身的机会。即使在家里视如父兄妻子，也不会水乳交融，而在社会上，别人则以牙还牙，总有一天，他会成为大众的箭靶子。所以说，说话尖酸刻薄，足以伤人心，伤人心的最后结果是伤了自己。

人都有不平之气，对方的说话，觉得不入耳，不妨充耳不闻；对方的行为，觉得不顺眼，不妨视而不见，不必过分认真。

掌握愉快寒暄的技巧

人际交往一般要经历从不了解到了解、从浅交到深交的过程。要冲破这种交谈的戒备障碍，就有必要讲究谈话的艺术和技巧。

寒暄是冲破戒备障碍的有效方法。如果你能在寒暄中有意、无意地插入一些吸引对方的话题，或是谈一些对方比较了解的事，由此展开交谈，那么，寒暄就不仅仅是形式上的客套了。如果运用得巧妙得法，双方会因此打成一片，彼此的距离很快就会拉近。寒暄并没有固定的模式，一般来说须注意以下几点：

1. 要保持愉快的情绪

在与别人相遇的瞬间，要迅速培养自己的愉快情绪；要争取主动，充分体现自己的良好愿望和真诚；要使对方感觉到你的问候是发自内心的；要使对方从你的言行反应中感受到自己的存在，使其受人尊重的心理需要得到满足。同时，积极的姿态也是富有自信、易于合作的外在体现，这有利于融洽人际关系。另外，交谈时语调要和缓，声音要洪亮，脸上要带着微笑。

"您好，外面很冷吧！"这样寒暄会让初次见面的人感到热情、亲切、温暖。与众多陌生人打交道时，不要只看着其中的某一位，而应面带微笑，眼睛环视大家，说话时带"你们"、"两(几)位"等字样，以免冷落了其他人。

另外，千万不要袒露悲伤的情绪，因为这会跟宴会的气氛不协调，即使内心有什么不快，也要表现出笑容可掬的亲切态度，使人乐意和你交谈。

2. 要集中注意力

一般人说话的速度每分钟是120—180个字，而思维的速度要比这快4—5倍。因此，听别人说话时若注意力分散，就容易漏掉讲话人所说的重要内容。

任何漫不经心的表现都会使对方有被人轻视之感。比如东张西望、左顾右盼，面带倦容哈欠连天，做一些弄衣角、搔脑勺、玩指甲等不雅观的小动作，会显得猥琐且不礼貌，让说话人心生不快。你可用目光与说话人交流，也可适当点头，做一些手势，或通过一些简短的插话和提问如"结果呢"等来暗示对方你确实在注意倾听，并对他的话很感兴趣。倘若老是坐着闭口不语，一脸肃穆的表情，跟欢愉的宴会气氛便格格不入了。

3. 讲话内容要恰当

与陌生人见面后的几分钟内，一般只有两三个问答的回合，最好做一般性的寒暄，如问候、互通姓名、谈论一些无关紧要的话题等。应避免使对方感到尴尬、触及对方隐痛、引发对方不愉快回忆及易于引起争议的话题，但是也不可漫无边际。

寒暄的内容要根据对方的心情而定，先分析对方当时的心情后再决定打招呼的内容和表情。比如对方家里刚发生了不愉快的事，你从其面部表情上就可以判断出来，此种情况下打招呼声音不要太大，语言也不要太热情，要低调；或用询问式的语言，同时用安慰的语气来打招呼。如果对方脸上喜气洋洋，你便可热情地打招呼，使对方感觉到温暖，进而展开话题。

男士向女士打招呼，语言可热情一些，但要适度，不能过分开玩笑，让对方觉得你太轻薄。

寒暄内容可触景生情。与初次相识者交谈，如果总离不开扯籍贯、住址、身世等，会让人认为你在查户口，而且容易出现冷场的现象。因此要善于睹物生情，看到什么谈什么，这样既显灵活，又可增进友谊。

寒暄言语的长短，内容的繁简，往复的次数多少，要与交谈双方关系的亲密程度成正比。

总之，初次见面时寒暄要适度，既要热情亲切，又不要阿谀奉承，做到温和有礼。这样，才能使对方乐于接近你，从而产生与你交往的愿望。

和别人交谈时，要精神饱满；表情自然大方、和颜悦色；站立寒暄也好，坐着聊天也罢，要目光温和，正视对方，以示尊重。两人之间的距离可视双方关系的亲疏而定。

语为心声，口不择言会害己

我们每个人都用语言沟通和交流，说好话并不是一件很简单的事，它需要长久的实践才能练出良好的说话功夫。智慧的人不会口不择言胡乱说话，因为他们懂得话是心声，不能随意表露。而那些口不择言的人，就像手持一把刀，难免伤了别人，也伤了自己。

美国著名政治学家富兰克林说过："失足可以很快弥补，但失言有可能永远无法补救。"在现实生活中也的确如此，凡是口不择言脱口而出的话常常会让我们事后后悔不已。

一个人能力如何，还表现在说话上。能成大事的人不会不分场合胡乱说话。会说话也不是件容易的事，要长久地实践，才能练出良好的说话功夫。

"你会说话吗？"这样问你，你一定觉得可笑，只要是正常人，说话谁不会？实际上，问题并没有那么简单。谁都会说话，但有人说话总是没有分寸，口不择言，像机关枪扫射，一阵狂扫，只顾自己痛快，不顾别人死活。尤其是年轻人，难免任性，受点儿刺激就说些伤人伤己的话，事后又后悔，对待生活如此，顶多没有朋友，对待工作如此，就不可能有出头之日。

让我们看几个小故事体会说话的重要性。

在寿宴上，客人同说"寿"字酒令。一人说"寿高彭祖"，一人说"寿比南山"，一人说"受福如受罪"。众客道："这话不但不吉利，且'受'字也不是'寿'字，该罚酒三杯，另说好的。"这人喝了酒，又说道："寿夭莫非命。"众人生气地说："生日寿诞，岂可说此不吉利话。"这人自悔道："该死了，该死了。"

有一人请客，四位客人有三位先到。请客者等得焦急，自言自语道："咳，该来的还没来。"一客人听了，心中不快："这么说，我就是不该来的了？"告辞走了。主人着急，说："不该走的又走了。"另一客人也不高兴了："难道我就是那该走又赖着不走的？"一生气，站起身也走了。主人苦笑着对剩下的一位客人说："他们误会了，其实我不是说他们……"最后一位客人想："不说他们就是我了。"主人的话未完，最后一位客人也走了。

由此看来，如果我们说话时不检点，就可能伤人败兴，引起误解，惹怨招尤。说话要注意场合、对象、气氛，不能口不择言，想说就说。像有些人去菜市场，问卖肉的："师傅，你的肉多少钱一斤？"或饭馆服务员上一盘香肠，说："先生，这是你的肠子。"这类生活中的笑话，我们要注意避免。

明人吕坤认为，说话是人生第一难事。像上面所说的情况，还不是太难的。只要注意语言修养，慢慢就会克服说话的纰漏和不足之处。说话难，最要命的就是说真话、说实话太难。

中央电视台的《实话实说》节目主持人崔永元谈到了办节目遇到的一些事。他说，现在世道变了，"文字狱"时代已成往事，说真话已不会闯下大祸，但"说实话免遭迫害，可不一定能免遭伤害"。《实话实说》栏目请过几百位座上客来侃侃而谈，结果呢？一位座上客因此评不上职称，原因是"喜欢抛头露面不钻研业务"。另一位是研究所副所长人选，因做节目耽误了前程，理由是"节目中的观点证明此人世界观有问题"。一报社记者参加的节目一经播出，立刻感到人言可畏，人们说他出风头，什么都敢说，恶心。另一电台记者回去后被领导审查，认为他一定是拿了许多钱才会那么说。还有一位老年女性在节目中真诚表露了自己的人生感受，结果好多人打听她是不是神经病……

崔永元苦恼地说："所以连我们自己有时都怀疑，节目到底能做多久？"他也体会到了"人生唯有说话是第一难事"的道理。

生活中见人说人话、见鬼说鬼话的实在太多了。黑的说成白的，死的说成活的。刚才还这样讲，一转脸又那样讲了。这样见风使舵，看人下菜，言不由衷，自欺欺人，活着多累。俄国作家契诃夫笔下的"变色龙"，就是这样不断自打嘴巴地说话的，我们做人可不能如此。

说话难，但并不意味着就此闭口不言，因此，学会怎样说话是很重要的事。

　　技巧是要学习，但这并不意味着我们可以放弃原则，指鹿为马，曲意逢迎。如果违心地说话，那技巧就变成了恶行。崔永元说得好："也许有一天我们会讨论技巧，我们用酒精泡出了经验，我们得意地欣赏属于自己的一份娴熟时，发现我们丢了许多东西，那东西对我们很重要。"

　　说话不坚持原则，丢掉的就是人格。年轻人需要学习的东西很多，但最根本的，无论何时都应坚守的就是人格。曲意逢迎只能避开一时的麻烦，背负的是却良心上的永久不安。但这并不是说任何时候都要直言不讳，口不择言，说实话也需讲究技巧和分寸，实在不能说时，宁可保持沉默。

逞一时口舌之快，会错失好时机

交谈和沟通是彼此之间交换信息、想法和感受的过程，并不是辩论赛，没有必要分出高下。没有人总是喜欢被人驳倒，喜欢被强压在人之下。如果你只是为了逞一时口舌之快，非要置人于失败之地，恐怕会得不偿失。所以，为了与他人有更好的沟通，请你克制住自己争强好胜的个性，隐藏住自己咄咄逼人的高超口才技艺，舍弃这种竞赛式的谈话方式。不妨采用一种随性、不具侵略性的谈话方式。这样，当你在表达意见时，别人就比较容易听进去，而不会产生排斥感。对别人的意见，你也不妨站在他们的立场上考虑是不是也有道理，即使你真的无法表示同意，也要拿出宽容接受的姿态。毕竟，这个世界上持不同意见的人很多，你不同意他，并不代表他就是错的。

别为了逞一时口舌之快，而丧失了应有的人情味。给人家留点余地，也是为自己预留些机会。

人在职场，需要跟上司建立起良好的关系无疑是非常必要的。只是你该多个心眼儿，拿捏好与他的距离，既不能拒之千里，也不可"紧紧追随"。尊重老板永远是第一位的，否则一概无效。请时刻谨记：老板就是老板，他不是你爸，也不是你妈，使不得小性子，更耍不得脾气。万一与之产生了冲突，一定要尽可能地克制住自己，切莫逞一时的口舌之快，不然，你就只有另谋高就了。

职场里没有亲爱的老板。这话堪称经典。

在8月23日英超纽卡斯尔同曼联的比赛中，当时纽卡斯尔后卫奥布里恩对吉格斯犯规，弗格森认为这次犯规阻碍了一次有威胁的单刀进攻，甚至应该吃到红牌，但当值主裁雷尼却根本没有判罚犯规，而是示意比赛继续进行。然而暴怒的弗格森立刻向第四官员温特表示了他对此的抗议，他连声骂着这次的评判，结果被裁判驱逐出了赛场。

赛后，雷尼和温特都向英足总告了弗格森，将他口吐污言秽语的举止上报。英足总于是敲定并对弗格森做出了一些惩罚，发表的声明中，指明了弗格森的不当举止。最后曼联主教练以"不正当言行"被指控成立，他因对比赛官员的攻击性以及侮辱语言受到禁赛2场、罚款1万英镑的处罚。

毫无疑问，弗格森是英超10年以来最成功的一位教练，他强悍而执拗的个性一直都引起一些人的争议，这一次又遭到处罚也是他不愿服软的结果。不过，曼联过去10年取得的成功却和弗格森密不可分，有人甚至表态，正是这个"杂种教练"的征服者的气质成就了曼联王朝的伟业。

说这话的人是另外一个伟大王朝的伟大球星托米·史密斯，上世纪60到70年代红色利物浦的当家球星之一。上世纪90年代以后，曼联逐渐取代了利物浦英伦统治者的地位，史密斯认为弗格森是其中的关键因素。"在过去10年中，曼联之所以能够超越利物浦就是因为他们的教练，"这位传奇人物说话的风格同样直言不讳，"一个杂种，但却是一个伟大的教练。曼联的成功秘诀只有一个，那就是弗格森。"

然而他的逞一时口舌之快，却得到了如此的惩罚。就有这么一些人，反应快、口才好、心思灵敏，在生活或工作中和别人有利益或意见冲突时，往往能充分发挥辩才，把对方辩得脸红脖子粗，哑口无言。

这种人不管自己有理无理，一用到嘴巴，他便绝不会认输，而且也不会输，因为他有本事抓你语言上的漏洞，也会转移战场，四处攻击，让你毫无招架之力；虽然你有理，他无理，但你就是拿他没办法。

因为他把"逞口舌之快"当成一种"快乐"，这是这种人最大的悲哀。一点小事，换一种说法完全不是什么大不了的问题；可是说话太冲，不考虑别人的感受，张嘴就来，非要逞一时口舌之快，就可能激怒别人，让事情变得不好收拾。所以，与人交往不要刻意地表现强势的作风，似乎让所有人都哑口无言是你的最高目标。嘴上占上风并不代表你有多么了不起，别人不会因为你的"伶牙俐齿"就佩服你，反而会以为你的不识抬举、不懂礼貌而厌恶你。

可见逞一时之口舌，带来如此的危害，那么我们要用明智的思考方法和口才去处事，去对待一切，千万不可逞一时之快，而带来潜在的危机。

切忌口无遮拦，直率不是直接

一个聪明人在与人交往中是从来不会把话说死说绝，毫无退路。

例如，"我永远不会办你所搞砸的那些蠢事"，"谁像你那么不开窍"，"要是我几分钟就做完了"，"你跟某某一样缺心眼儿"，"看他那德行"等等……

这样的话谁听了都不会痛快，人人都爱惜自己的面子，而这样绝对的断言显然是极不给人面子的一种表现。没有人会受得了这样无礼的话，即使他不会立即与你兵戎相见，大干一场，也会对你怀恨在心而结怨成敌。

生活中有很多不愉快的事儿，起源多在口无遮拦上，直率不等于直接，所以学会委婉地表达自己的意思，就显得尤为重要。

在一般场合中要发表自己的意见时，你可以先说你的某某事做得很好，效果反应都不错，然后你再用"就是"，"但是"，"不过"等来做文章，谁都知道"但是"后面才是要说的话，但前面的话一定要说，因为在中国它不是假话，也不是废话，而是为营造一种和谐气氛的客气话。你若直来直去，对方必然会觉得你扫了别人的面子，心中大起反感。所以，拐弯抹角的话少不了。

要想在公司里得到发展，在社会生活上被人们所承认，就必须了解到这一点。这也是很多老于世故的人不轻易在公开场合说一句批评别人话的原因。所谓"不打脸"就是不揭人隐私，不能触犯他人的敏感区域，即便是开玩笑也要以对方的得意之事作引子，说话办事爽快，虽然不失为一个优点，但同样是直来直去，有的人处处受到欢迎，有的人却处处得罪人，究其原因就是讲话的方式方法不同。

生活中有些人快人快语，有啥说啥，口无禁忌还一片真心。假如在一个熟悉的环境里，大家彼此比较了解，知道这是你的个性，可能这还算你的可爱之处。假如在陌生之地，在不熟悉你的人面前，不分场合地点，不分谈话对象，律口对着心，心里想什么就说什么，这是社交大忌。由于多方面原因所限，不能保证你想的、说的都对，而且听话人的接受能力也不同。不分青红皂白、不讲方式方法的直言快语，往往会带来不良后果。轻则使人难堪，重则造成隔阂，遭人怨恨。

所以，要想获得别人的肯定和信任，说话就要注意场合和技巧，不能只图一时之快而随意得罪人。比如批评别人时，虽然心地坦白，毫无恶意，但如果没考虑到场合，使被批评者下不了台，面子上过不去，不但对方难以接受，还会徒增对方的憎恶。

再有一种情况，可能平时说话时没有注意，触动了别人的短处或隐私，无意之中也得罪了人。一旦知道自己说话直得罪了人，就要找机会真诚地向对方道歉，取得谅解。如果是在公共场合伤了对方的自尊，不妨在原来听到的人都在场的情况下，巧妙地以意义相反的话抵消前面话的副作用，对方自会谅解你大事化小，小事化了。

不过，如果一个人一向说话很直，经常得罪人，千万不要寄希望于每次依靠道歉来取得别人的原谅，因为经常伤害别人，又经常向人道歉，别人一定会认为你这个人口是心非。

有类似经历的人不妨回过头来检查一下自己：是不是忽略了场合，说话方式是不是触及了别人的隐私？同样是提意见，为什么不以更易于被人接受的方式达到预期的效果呢？说话时先为对方着想，不要动辄以教训的口吻指责别人，要注意维护对方的自尊。这样就会成为一个受欢迎的人。

千万不要认为真正大度的人会接受别人的指正和建议。我现在明确地告诉你，大部分人不会！即使表面上接受，从内心深处来说，他们也是不乐意的。即使小部分人能容忍你的"造次"，但他们更喜欢婉转的提醒。为什么？因为你的直言否定了他的智慧、能力和判断力，他的荣耀和自尊心受到了伤害，在别人面前下不了台。如果有机会，他会和你明争暗斗，你让他有一次过得不好，他会让你过得更不好——他这样做，你可以埋怨他"睚眦必报"，但是无法改变事实。

　　说话不要太直接，即使你是对的！但是，请不要误会，我并不是要你违背真理，也没有为错误辩护的意思，更不希望你面对错误或者邪恶缄默不语。我要提醒你的是，说话要讲究技巧，不能太直率。

强词夺理只会激化矛盾

19世纪时，美国有一位青年军官个性好强，总爱与人争辩，经常和同僚发生激烈争执，林肯总统因此处分了这个军官，并说了一段深具哲理的话。"凡是成功之人，必不偏执于个人成见，更无法承受其后果，这包括了个性的缺憾与自制力的缺乏。与其为争路而被狗咬，毋宁让路于狗。即使将狗杀死，也不能治好被咬的伤口。"的确，你碰到一个无知的人，又怎么能用辩论换来胜利呢？假如我们赢了对方，把他的说法攻击得体无完肤，那又能怎么样呢？而对方在辩论中输了，必定会认为自尊心受损，日后找到机会，必然又是报复。因为一个人若非自愿地屈服，内心仍然会坚持己见。每当我们要与人争辩前，不妨先考虑下，自己到底要的是什么？一个是毫无意义的"表面胜利"，一个是对方的好感。这两件事正如孟子所说：鱼与熊掌不可兼得。你需要的是什么呢？

事实也是如此，聪明的人决不用争辩解决问题。

与人相处时，和谐的气氛很重要。而营造和谐氛围的基本要求就是，不与人做无意义的争辩。这也是初入社会的年轻人应该注意的地方。

让我们一起来看个例子：

第二次世界大战结束后的一天晚上，在伦敦的美国人戴尔·卡耐基得到了一个极有价值的教训。当时他是罗斯·史密斯爵士的私人经纪。大战期间，史密斯爵士曾任澳大利亚空军战斗机飞行员，被派在巴勒斯坦工作。欧战胜利缔结和约后不久，他以30天旅行半个地球的壮举震惊了全世界。没有人完成过这种壮举，当时引起了很大的轰动。澳大利亚政府颁发给他5000美元奖金，英国国王授予了他爵位。

有一天晚上，戴尔·卡耐基参加一次为推崇史密斯爵士而举行的宴会。宴席中，坐在戴尔·卡耐基右边的一位先生讲了一段幽默故事，并引出了一句话，意思是"谋事在人，成事在天"。

这位先生说那句话出自《圣经》，他错了。戴尔·卡耐基知道，且很肯定地知道出处，一点疑问也没有。为了表现出优越感，戴尔·卡耐基很讨嫌地纠正他。这位先生立刻反唇相讥："什么？出自莎士比亚？不可能，绝对不可能！那句话出自《圣经》。"他自信确定如此！

这位先生坐在右首，戴尔·卡耐基的老朋友弗兰克·格蒙坐在卡耐基左首，他研究莎士比亚的著作已有多年。于是，戴尔·卡耐基和这位先生都同意向他请教。格蒙听了，在桌下踢了戴尔·卡耐基一下，然后说："戴尔，这位先生没说错，《圣经》里有这句话。"

那晚回家路上，戴尔·卡耐基对格蒙说："弗兰克，你明明知道那句话出自莎士比亚。"

"是的，当然，"他回答，"哈姆雷特第五幕第二场。可是亲爱的戴尔，我们是宴会上的客人，为什么要证明他错了？那样会使他喜欢你吗？为什么不给他留点面子？他并没问你的意见啊！他不需要你的意见，为什么要跟他抬杠？应该永远避免跟人家正面冲突。"

嘴不是用来争辩的，放弃争辩，因为那样会让他人避而远之，甚至让自己到处树敌。

天底下只有一种能在争论中获胜的方式，那就是避免争论。十之八九，争论的结果会使双方比以前更相信自己绝对正确。争论是没有赢家的。要是输了，当然就输了；即使赢了，但实际上还是输了。为什么？如果争论者的胜利建立在使对方的论点被攻击得千疮百孔的基础上，证明他一无是处，那又怎么样？争论者会觉得洋洋自得，但对方呢？他会自惭形秽，争论者伤了他的自尊，他会怨恨争论者的胜利。而且会得到"一个人即使口服，但心里并不服的结果。"

正如明智的本杰明·富兰克林所说的："如果你老是抬杠、反驳，也许偶尔能获胜，但那只是空洞的胜利，因为你永远得不到对方的好感。"

因此，要衡量一下，宁愿要一种字面上的、表面上的胜利，还是要别人的好感？

威尔逊总统任内的财政部长威廉·肯罗以多年政治生涯获得的经验，说了一句话："靠辩论不可能使无知的人服气。"

拿破仑的家务总管康斯坦在《拿破仑私生活拾遗》中曾写道，他常和约瑟芬打台球："虽然我的技术不错，我总是让她赢，这样她就非常高兴。"

我们可从中得到一个教训：要想获得好人缘，就要让我们的同事、朋友、家人，在琐碎的事情上赢过我们，因为这样会赢得更多人的喜爱。

争辩不可能消除误会，反而会加深怨恨，激化矛盾，我们应该带着宽容的心，用同情的眼光去看别人的观点。

任何决心有所成就的人，决不会在私人争执上耗时间，争执的后果，不是他所能承担得起的。而后果包括发脾气、失去自制。争辩并不是目的，达成共识、解决问题才是目的。很多年轻人在与人争辩的过程中，渐渐地转移方向，把对事情的反对态度转变为对对方的否定态度，因而一场争论发展成一场冲突。当双方的意见僵持不下时，你就应该明白，再这样下去对双方都没有好处，最佳的办法就是找到一个双方都能接受的方案，或者建议一个可行性强的折中方案，其中包含了双方的部分观点。要在跟别人拥有相等权利的事物上，多让步一点；而那些显然是自己正确的事情，就让得少一点。

"嘴"下留情博好感

放对手一马，给他一条"活路"，他也许会感恩戴德，哪天自己不得志时，或许对方能不计前嫌，拉你一把。

大凡能有所成就的人，都有宽宏的气度，不会因为一些无关紧要的事，在言语上与他人争得面红耳赤。即使是面对曾经的劲敌，他们也能保持应有的风度，做到"嘴"下留情，得饶人处且饶人，有智者说，大街上有人骂他，他连头都不回，他根本不想知道骂他的人是谁。因为人生短暂和宝贵，要做的事情太多，何必为这种令人不愉快的事情浪费时间呢？智者的确修炼得颇有层次了，知道该干什么和不该干什么，知道什么事情应该认真，什么事情可以不屑。要真正做到这一点是很不容易的，需持久的磨练。

俗话说，宰相肚里能撑船。古今中外，凡能成大事者，都具有一种优秀品质，就是能容人所不能容，忍人所不能忍，善于求大同存小异，团结大多数人。他们一般都胸怀开阔，为人做事豁达而不拘小节，凡事都能从大处着眼，而不会目光短浅斤斤计较，纠缠鸡毛蒜皮的琐事。所以，他们才能成大事、立大业，成就不平凡的人生。

绝大部分人看到"对手"，都会有除之而后快的冲动，即使环境不允许或没有能力消灭对方，至少也保持一种冷淡的态度，或说一些让对方不舒服的嘲讽话，可见要做到"嘴"下留情是多么难。就因为难，所以人的成就才有高低之分，有大小之分，也就是说，能对敌人"嘴"下留情的人，才能为自己创造机会，取得的成就也往往比那些一竿子打翻一船人的人大。

能对人"嘴"下留情的人是站在主动地位的。采取主动，不只迷惑了对方，使对方搞不清对他的态度，也迷惑了第三者，搞不清楚双方到底是敌是友，甚至会误认为双方已"化敌为友"；可是，是敌是友，只有当事人心里才明白，但自己的主动，却使对方处于"接招"、"应战"的被动态势。如果对方不能对自己"嘴"下留情，那么他将得到一个"没有器量"之类的评语，一经比较，二人的分量立即有轻重，所以对自己的对手"嘴"下留情，除了可在某种程度之内降低对方对自己的敌意之外，也可避免恶化自己对对方的敌意。换句话说，为敌为友之间，留下了一条灰色地带，免得敌意鲜明，反而阻挡了自己的去路与退路。

此外，这样的行为，也将使对方失去再攻击你的兴趣，若他不理这样的"仁慈"而依旧攻击，必然招致众人谴责而无以立足。

这也就是为什么竞技场上比赛开始前，双方要握手、敬礼或拥抱，比赛后也同样来一次的原因；另外，政治人物也惯常这么做，明明是恨死了的政敌，见了面仍然要握手寒暄……

人人都想成就大事，但在奋斗的过程中，必然会牵扯到各种利益纠葛，于是与人的争斗在所难免——不管是利益上的争斗还是是非的争斗。这时，一定要保持清醒的头脑，用宽容的心态去接纳对手，做到"嘴"下留情。

大部分人一旦身陷争斗的漩涡，便不由自主地焦躁起来，一方面为了面子，一方面为了利益，因此一得了"理"，便嘴巴不饶人，非得加以奚落和讽刺，逼得对方投降不可。然而"得理不饶人"虽然让人吹起胜利的号角，却也是下次争斗的前奏；"战败"的一方可能会为了"讨"回面子而再次挑起战火。

"得理不饶人"是个人的权利，但为了日后的个人前途，在言语上让人几分又有何妨呢？

何谓"得理且饶人"？就是"嘴"下留点情，给对方一个台阶下，为他留点面子和立足之地，这的确不易做到，但如果能做到，对自己则好处多多。

得理不饶人，让对方走投无路，有可能激起对方破釜沉舟的意志，既然是求生，就有可能"不择手段"，这将对自己造成伤害，好比将老鼠关在房间内，不让其逃出，而老鼠为了求生，将咬坏家中的器物。放它一条生路，它"逃命"要紧，便不会对你造成更多的伤害。

对方"无理"，自知理亏，"理"字已明，无需再用言语讥讽，给他人一个台阶下，他会心存感激，来日就算不图报，也不至于毁了对方。得理且饶人，也是积德。

人海茫茫，但却常常"后会有期"，今天得理不饶人，焉知他日不会狭路相逢？若届时对方势旺自己势弱，就有可能吃亏，"得饶人处且饶人"，这也是为自己留后路。

另外，既然"理"已明，又何须用言语将其挑明？作为战胜者的一方，已占据了优势，不妨将面子留给他人，给自己的对手一份基本的尊重。这也是为自己好，要想日后越来越好，没有这点容人的气度，显然是不行的。

第六章

左右逢源，舌赢天下

左右逢源的人能舌赢天下、出奇制胜，应对不同情况往往会有不同策略。左右逢源是生活中自得其乐的"法宝"，是商场中打开财富之门的"金钥匙"。具备左右逢源的人际交往技巧，你的事业将会一帆风顺，人生将会更加丰富多彩。

位居第二，甘当绿叶

成功的人回首过去走过的路，往往都是经历了一段漫长而艰辛的跋涉，没有什么人会一步到位，取得成功，既然这样，我们就要在这漫长的跋涉中甘心做一片绿叶，在不成熟的时机体会位居第二的哲学，当然并不是说让你永远位居第二，而是在你力量有限时，第二会让你储备更多的能量，为争夺第一储备更多力量。事实上，位居第二并非真的是甘居人后，真正的原因在于做"第二"比做"第一"的风险系数低得多。

俗话说："出头的椽子先烂，枪打出头鸟"，当老大固然风光，但也容易成为众矢之的，所有人都会挑你的错误、夺你的位置，正所谓高处不胜寒，很多人深解其中之味，所以在他们不具备当老大的绝对实力前，都是安居老二的，躲在背后少担风险，多赚便宜，这种老二哲学确实非常"高明"。

徐明大学毕业后一直在一家公司工作。他能力强，待人诚恳，深受领导的赏识，不到两年就做到了销售部主管的位置。这年冬天，公司准备从内部员工中提拔一个销售经理，当时公司里上上下下的人都认为这个职位非徐明莫属，因为之前在原销售经理生病期间，一直是徐明代理销售经理的职责。可没想到，董事长最终从别的部门调了一个从来没有做过销售的老资格员工来担任销售经理这个职位。

消息宣布的那天晚上，徐明闷闷不乐地跟他老婆说起这个事情。他告诉妻子，再过一周，等业务交接完毕，他就卷铺盖走人。

妻子听了这话，没有表态，只是突然问了徐明一句："你今年多大？"

"26岁，怎么啦？"徐明有些懵头懵脑，不知道妻子葫芦里卖的什么药。

"新任销售经理多大？"

"好像38岁了。"

他妻子继续说："那你想想，他26岁的时候在干什么？你26岁就已经完成了人家38岁才能完成的事情，你还有什么不知足的呢？"

听了妻子的话，徐明坚持下来，并且全力配合新领导的工作。虽然许多同事怂恿徐明撂挑子，把业绩做砸，但他没有这么做。

后来，董事长找徐明谈话，透露了当时这样决策的用意所在。

董事长对徐明说："我不想让你顶头做老大，26岁就领导几十号人，压力会很大，所以才调一个老员工过来给你卸卸压力。刚开始我还害怕你有情绪，现在看来我的担心完全是多余的。"

徐明这才知道老板的良苦用心，从此工作更加认真负责。经过不断地锻炼，他32岁就当上了公司的副总裁。

对于刚刚步入社会的学子，能够位居第二并不代表不够成功，而是在为成功打下坚实的基础，所以就要老老实实、认认真真地在第二的位置上努力。此时的你缺乏经验，甘心做老二是最佳的生存策略。

一位职场上很有名气的经理总结他的职场经验，说他学会了一件事情，就是永远不与老大争功，永远只做老二。这些年来，他默默地帮别人"抬轿"，默默地做自己该做的事，所以，他经常能看到同事两虎相争，争到最后两边选择的竟然是他，或者当主管晋升之后，也是优先考量愿意当"老二"的他。他觉得，如果一个不懂得在必要时候当老二的人，不管最后这个人的专业能力有多强，几乎都无法在组织里继续发展下去。

看来，会做"老二"的人在公司里不容易树敌。做老二的既要争取上司的肯定，又要赢得下属的支持。在这个适应过程中，会逐渐懂得为人处世的分寸，广结善缘，因此事业更容易开花结果。年轻人要努力成为这样的人，然后才能建立良好的人际关系，事业才能更顺利。

"老二"哲学可以用长跑来作比喻，跑第二位的总是会比起初就在第一位的选手占优势。当你紧紧跟在别人后面，既没有成为众人的目标，又保持着领先地位，"老二"的位置难道不是上上之选吗？况且老大在你的紧紧跟随下，往往会心里发毛，稍有不慎，你就可以取而代之。这个时候，你的目的也就达到了。

用双赢代替两败俱伤

随着社会的发展和人类文明的进步，人们的思维能力、思维方式发生了很大变化。在经济领域人们不再固守"成王败寇"这一传统思维模式，而是慢慢地在寻找一种"互惠互利"的合作模式，也就是通常所说的"双赢"。简单的意思就是双方都得到好处，有饭大家一齐吃，有糖大家都分来食，大家都能尝到甜头。双赢不是简单的零和博弈，而是共同把"蛋糕"做大，然后共享这种收益。第一个"赢"，代表的是让对方得到全部的价值与服务。当对方的需求或欲望得到满足时，第一个赢也就形成了。第二个"赢"，是指因你所提供的服务而获得的回报。当你服务他人的工作也能让自己获益时，第二个"赢"也就产生了。在双赢的结果中，人们可以获得更大的收益，人们可以认识到"利己"不一定要建立在"损人"的基础上。通过有效合作，皆大欢喜的结局是可能出现的。实现"双赢"，要求各方要有真诚合作的精神和勇气，在合作中不要耍小聪明，不要总想占别人的小便宜，要遵守游戏规则，否则"双赢"的局面就不可能出现，最终吃亏的还是自己。

一个老农，经过多年辛勤培育，终于培育出了一种无核、皮薄、肉荚而又少虫害的橘子新品种。果树培植成功后，老农视之如珍宝，藏之如机密，告诫家人万不可泄露了"天机"。几年后，老农种下的橘子树如期开花结果，而且产量喜人。老农的橘子看起来与普通橘子没什么相异之处，可品尝起来如糖似蜜。邻人知道后竞相奔走呼告，四方果贩也闻讯而来。这一年，老农发了大财，他多年积累起来的种树智慧得到了回报。

邻人见其果树之优良，甚为艳羡，便询问老农种果树的秘方，老农笑笑说那些只是多年杂交长成的果树罢了。邻人又问，可否分享些许，以共享富裕，老农不悦，想想自己多年来的辛苦劳作，今天终有回报，岂能随便分与他人，邻人的请求他一概回绝了。

然而，好景不长。第二年橘子成熟时，这位果农的橘子不但没比第一年长得好，质量反而大大下降了。原本无核的橘子开始有核，原本莱味的果肉开始有了酸味，虽然他的橘子还是比邻人的橘子好，可怎么也达不到第一年的水平了。本想把种橘事业发扬光大的老农，此时伤透了脑筋，到底是怎么回事呢？

老农来到果园里，在自己辛苦经营起来的果园里踱着步子。他的果园与邻人的果园不远，瞅着自己的果树是那么的出众，然而今年却出了瑕疵，心里有点不是滋味。他仔细观察着自己辛苦培育出来的新品种，心里思量着到底是怎么回事。看着看着，他似乎发现了点端倪——离邻人越近的橘子畸形越多，果子的皮面越粗糙，而离邻人最远的果树变异最小，最接近上一年的品相。

这回老农知道原因了，是邻人的果树影响了自己果树的收成。不过他所做的不是让邻人搬走果树，而是把自己保留下来的种子分给大家种。没过几年，大家都收成了好果子，个个喜笑颜开。老农则受到了大家的尊敬，被推举为当地果业协会会长。

故事里的老农以为能够独享好的果树品种，但令他始料不及的是独享的时间居然是那么的短暂。后来，他把改良的品种分给大家种，不仅自己的果树不再受到困扰，同时也帮助别人获得了财富。这就是双赢的价值所在。

现在的社会并不一定要"成王败寇"，竞争的企业完全可以做到"双赢"。可以说，时代的发展已经让企业界能够做到共存共荣，既有竞争又有合作，最终共同进步。说到底，这是一种良性的竞争。如麦当劳与肯德基、可口可乐与百事可乐等，它们始终保持着自身的优势，又始终在比拼。这是一个充满竞争的时代，但不是一个你死我活的时代。

双赢重在一个"双"字，双赢不是单赢，只有对双方都有利的事，才能得到更好的推行，才能有更好的人际交往。如果依靠强力来推行一方的利益，那就只能是"专制"的手法了。社会中有许多这样的关系，比如商家与顾客、老板与员工，处理这样的关系时，双赢就是最好的交际法则。

另外，双赢的形成是有条件和顺序的。一般情况下，双赢需要首先站在对方的立场上思考问题，所以利益的让步首先会从己方出发。用一句话来表述，就是：你赢我也赢，但是你先赢，我后赢。人们常说的"吃亏是福"大体上说的就是这个道理。

双赢的形象说法就是鱼和熊掌都要兼得，虽然不同的人对"赢"的理解可以不同，但双方都能从"交易"中有所收益这一点是没人否认的。双方可能赢的程度有高有低、数量有多有少，但关键一点就是双方都能获益。

人都是不愿吃亏的，既然人人都不想吃亏，那就必须找出解决的办法来，"双赢"便是这个复杂问题的解决之道。它已经演变为当今时代最重要的运行法则之一。

让你的才情尽情显现

卓越的人都让自己的才能展现出来。如果你有满腹经纶的学识，那就用理论指导你的人生；如果你有指点江山的激情，那就让才能去实现理想，总之，不要把你的才情隐藏起来，尽显你的才华才是明智之举。生活中会有一类既心高气傲又怀才不遇的聪明人，他们志气远大，却又目中无人；他们从不缺乏智慧，却从不愿意和别人分享；他们心里愤懑，喜欢抱怨这抱怨那，却从来不脚踏实地，一步一步去改变自己的困厄境地。

下面是一个怀才不遇者与咨询师的对话，从这个对话中你就能看到这些人的症结所在。

咨询师："你遇到什么问题了？"

怀才不遇者："我很苦闷，我很无奈，我想跳槽，我的上级都是笨蛋，什么都不懂!还整天装得人模狗样，实在懒得搭理他。"

咨询师："既然你认为你的领导不如你，那你为什么不把你的那些好的想法说给你领导听听呢？"

怀才不遇者："如果我跟他说了，他该到老板那里去卖弄了，我的创意马上就变成他的东西了!我才不干那为人做嫁衣的傻事呢!"

咨询师："那你可以把你的东西跟大家说，那样你的意见就能够得到大家的认同了，不是说发光的金子总是能被人发现吗？"

怀才不遇者："那样就更不好了，大家都知道了，那就不叫创意了。"

咨询师："那你的东西想让谁知道呢？"

怀才不遇者："让老板知道就可以了。"

咨询师："那你的老板现在知道你的'才干'了吗？"

怀才不遇者："我到现在都还没有在老板面前表现的机会，而且现在是伯乐的老板又那么少。"

咨询师："那你打算怎么办？"

怀才不遇者："所以我就沉默呗。"

咨询师："你应该把智慧用在工作上啊。"

怀才不遇者："唉，我现在的工作怎么能用得上我的那些思想呢？这不就成了杀鸡用牛刀吗？"

咨询师："那么，你这样下去，别人怎么才能知道你有才干呢？"

怀才不遇者："不用他们知道！"

咨询师："那你的聪明想法什么时候才能用得上？"

怀才不遇者："等我当了领导，有了舞台后，我会把我的知识和智慧用上。到时候干出个样子来给他们瞧瞧，什么才叫真正的水平！什么才叫真正的智慧！"

咨询师："那你怎么才能当上领导，寻找到合适的舞台呢？"

怀才不遇者："我就没指望在这儿干出个什么名堂。比这儿好的地方有的是，没准儿过几天我就炒老板鱿鱼了。"

其实，我们应该明白，这样"藏"着、"掖"着绝对不是明智的选择。这样的做法不但是对自己的不负责，也算得上是对组织的不负责。这种狭隘目光所产生的自私，不但埋没自己的才华，还会使别人觉得你是一个眼高手低的人，从而失去升迁的机会。有很多步入中年的人，只是年龄见长，社会地位和工资收入却停步不前，其实，不是因为他们没有学历，不是因为他们没有知识，也不是因为他们没有能力，而是因为他们太"精明"。为什么说他们的问题出在太"精明"上呢？

主要原因是因为他们善于隐藏自己的想法，有了想法还迟迟不去行动，当事情落到别人身上时，他们就开始抱怨，抱怨没有伯乐能识千里马，他们不愿在底层里趟浑水、惹麻烦，更不会做一点"亏本生意"，总盼望着一鸣惊人的时机出现。

正确的做法是把自己的知识、智慧贡献给他人。好的想法分享之后才能开出美丽的花朵，不然再好的创意只停留在空想阶段，总也不能变为切切实实的东西。

互相帮助，互相支持

花花轿子人抬人的意思就是：在社会中，你要懂得相互帮助、相互支持。话说得更"俗"一点，就是和别人交往要互相捧场、互相恭维。这话的道理浅显易懂，还是颇值得玩味的。

坐轿子的必须要有人来抬，而且要使坐轿子的人感觉舒服，抬轿子的人会抬才行。

不管是生活中还是职场里，也都存在着"花花轿子人抬人"的"游戏"规则。比如在生活中某个朋友有点什么值得庆祝的事，如孩子考上好的大学、新店铺开业大吉，都需要你去捧场，等你欣逢喜事的时候，你的朋友也会来捧场。

在职场里道理也是一样的。别人工作做出了业绩，你没有道理不去"美言"几句，要不然人家还以为你对他心存什么芥蒂。同事升职加薪，也是件可喜可贺的事情，你没有道理摆出一副苦大仇深的神情。即使你有点小嫉妒，也不能在同事面前表现出来。

除了在言语上表示你对同事的支持外，在干实事的时候也要能帮得上忙的尽量想办法帮。一个人如果只会耍嘴上功夫，总喜欢吹嘘"有事直接来找我"，可事到临头却神秘消失，这种人是不会真正受朋友欢迎的。你如果总是和别人玩"虚"的，当你大难临头时，别人也会跟你玩"虚"的。

小楠的同事张可向公司申请一个新项目。小楠知道，为了这个项目张可准备了长达半年的时间。那半年里，张可把大部分业余时间都耗在新项目的准备工作上，她收集资料、调查市场、研究案例，可以说下足了功夫。

不过这个项目在国内尚属新事物，还没有几个成功的经验，项目经理也不知道该如何做决定。于是，在部门会议上经理让大家发表意见。可刚开始，部门内竟然没有一个人明确表示支持，多数同事只是说既是机遇，也有风险，应该从长计议。因为谁都知道弄好了还好，弄不好大家都不会好过，所以观望的情绪占了主导，又把这个问题丢给经理。

小楠是第一个表示支持的，她站起来诚恳地对大家说："我对这个项目很了解，两年前我曾经朝这个方向探索过，不过那时候时机不够成熟。但现在不同了，国外已有一些成功的经验，目前国内市场的发育也有了明显的起色。如果现在做，我们肯定会比其他公司占得先机。何况张可在半年前就开始准备了，我看过她的策划，我觉得她分析得既仔细又到位。大家都清楚，虽然张可来我们公司不久，可她从来没有马虎过，我认为她是一个谨慎的人，希望大家能支持她。"

讲完这些，经理的态度开始有些转变了。同事们见经理都同意了，最后也都支持了张可的项目。会后，张可亲自来到小楠家里致谢，她对小楠说："今天要不是你，我辛辛苦苦做出的项目策划就只能胎死腹中了。"

在以后的职场生活里，小楠和张可建立了良好的友谊，小楠有什么需要帮助的，张可都会鼎力支持。

在职场里，要求我们即使没有功利、没有收益的时候也要给别人以支持、给别人以帮助，起码不能砸别人的场面。互相支持、互相帮助的人容易互换资源、互通有无，从而使事业更顺利一些，使生活中的烦恼更少一些。

花花轿子人抬人。要想坐轿子，必须先学会抬轿子。当你穿着得体的衣服，迈着虎虎生风的步伐，那坐轿的人自然会获得更大的脸面、更大的满足。而等你坐轿子的时候，别人也会记得你抬轿时出了多大的力。其实说白了，"花花轿子人抬人"就是互换人情、互换支持。明白了这个道理，你就应该懂得该捧场的时候，就得捧人的场；该给人面子的时候，就得给人面子。

真正会处世的人，懂得给人抬轿，懂得给人台面，懂得在与他人交往中积累一点一滴的"人缘儿"。因为他们知道，给别人留面子，实际也就是给自己留面子。他们该抬轿时一定会尽心尽力地把轿抬好，而且以后也能得到别人的支持。

一个人顶不起整座江山，能力再强也需要众人的扶助。有一首民谣这样讲道：

花花轿子人抬人，

朗朗乾坤学问深。

为得大家心情好，

绿叶红花不可分。

花花轿子人抬人，学会"抬轿"，学会互相支持，不但坐轿的人可以威风八面，抬轿的人其实也是得意扬扬。这道理就如红花与绿叶的关系一样，红花没了绿叶的陪衬，显不出红花的美；绿叶少了红花的点缀，也不能吸引人的眼球。

一个团队也是一样，如果不互相联手、互相帮助，而是习惯于争权夺利，习惯于暗中整人，即便再好的团队也会因内耗而变成一盘散沙。看来，该抬轿时还真应该抬轿啊。

赞美对手，把对手变成朋友

　　当你赞美对手时，对手就会变成朋友。对于现代社会而言，我们可能更多的是遇到对手而不是敌人。把你的鲜花和掌声送给你的对手，是一种宽容大度，也是一种感恩。有人曾说过：感激曾经绊倒过你的人，因为他让你明白了什么是挫折；感激曾经背叛过你的人，因为他让你明白了什么是忠诚；感激曾经打击过你的人，因为他让你明白了什么是坚强。所以，给你的对手一个笑脸，给你的对手一个掌声，你收获的将会比冷眼相向多得多。有人曾说，比你自己更了解你的是你的对手，所以生活中不时地向你的对手寻找自身的缺陷不失为一种非常高效的自我完善方式。学会尊重你的对手，有时候会显得比尊重自己更重要。对手的存在，让你始终不断地审视自身的弱点，在激烈的竞争中始终处于自我提升的过程之中。对手的存在，从某种意义上来说，比一帮阿谀奉承的溜须拍马之人的存在显得更有价值。换种说法，如果没有了对手，我们的生活将会越来越堕落，我们生命的价值也就仅限于"活着是为了吃饭"，我们活着也就沦落为没有了精神的肉体在游走而已。以人为镜，可以明得失；以古为镜，可以知兴替。生活中对你的对手常怀尊重，而不是厌恶与憎恨。

　　世界上的最强者不是在竞争中取得胜利最多的人，而是拥有最多朋友、最少敌人的人。要想拥有更多的朋友、更少的敌人，就必须学会把对手变成朋友，这样可以更好地赢得对手。这是一种高明的办法，而更高明的办法就是在公开场合赞美你的对手，所有听到此类赞美的人都将被你的宽容折服。

　　2008年6月7日，美国国家建筑博物馆前人头攒动。人们都在等待几分钟后的演说，在民主党内部竞选中输给奥巴马的希拉里将要在演说中宣布退出总统竞选。当希拉里出现在广场上时，支持者们情绪高涨，他们高呼着希拉里的名字，掌声和欢呼声响彻整个广场。很多人不明白为什么在竞选中失败的希拉里仍然拥有如此多的支持者，但在她接下来长达28分钟的演讲中，大家找到了问题的答案。

在整个演讲中，希拉里既没有过多地回顾自己的总统竞选历程，也没有因为自己竞选失败而显露出悲伤的神情，更没有对打败他的竞争对手——奥巴马表示出任何仇视和怨恨。相反，令人意想不到的是，希拉里在整个演说中重点表达了对昔日竞争对手奥巴马的朋友式支持。

在希拉里的演说中，她至少14次提到了奥巴马的名字，她用充满激情的词汇号召支持她的选民能够继续支持奥巴马。她说："我今天终止我的竞选，我支持奥巴马，并把我的全部支持置于奥巴马身上。我请求你们和我一道，像为我一样为奥巴马而艰苦奋斗，实现我们目标的方式是拿出我们的精力、热情、力量，做我们能够做的所有事，帮助奥巴马当选为下届总统。"希拉里的这番话在选民中掀起了高潮，她甚至引用了奥巴马的竞选口号"是的，我们能"来激励选民们。她说："虽然民主党将来的竞选道路不会简单，但我有信心奥巴马会获胜。我与奥巴马站在一起，是的，我们能。"

希拉里的这次演说获得了昔日的支持者，奥巴马的支持者乃至整个美国公民的高度评价。也许，这种将对手变为朋友的胸襟和谋略就是希拉里能够成为美国历史上第一位女性总统候选人的重要原因吧！

那么，为什么赞美对手是将他变成朋友的最好方式呢？

心理学家阿伦森曾做过这样一个实验。实验安排被试同伴用四种不同情况评价被试者：第一，始终是肯定的评价；第二，始终是否定的评价；第三，先肯定后否定的评价，否定程度和第二种情况相同；第四，先否定后肯定的评价，肯定程度和第一种情况相同。然后在这四种情况下分别问被试者对同伴的喜欢程度如何。结果，被试者对于原来否定自己而最终变得肯定自己的交往对象的喜欢程度最高，明显高于一直肯定自己的交往对象，而对于从肯定到否定的交往对象的喜欢程度最低，大大低于一直否定自己的交往对象。

这就是人际交往的"增减原则"，即人们最喜欢那些对自己的喜欢、奖励、欣赏不断增加的人或物。心理学家指出，人们在交往过程中首先是把自我价值放在第一位的。每个人都有自我价值保护的需要。这种自我价值保护从静态的角度分析，就是体现在人际交往中的交互性原则，即人们喜欢的是自己喜欢的人，而厌恶的是厌恶自己的人。如果从动态的角度分析，就是体现在人际吸引水平的增减原则，即人们最喜欢的是对自己的喜欢水平不断增加的人，而最厌恶的是对自己的喜欢水平不断减少的人。

公开赞美对手，除了可以征服敌手，还可以征服听到这个赞美的人。就如卡夫卡所说的"善待你的对手，方尽显品格的力量和生存的智慧"。面对对手，特别是击败你的对手，失败者往往更多地关注自己"吃了一堑"，却鲜有人能够像希拉里那样思考如何在"吃一堑"的同时"长一智"。这也为希拉里赢得了更好的名声和更多的拥护，从这一点来说，她是最成功的失败者。

真正的竞争其实是温柔的，很多时候，赞美对手比诋毁对手更有力量。这就如同打棒球，赞美对方就好像是安全地上了一垒，然后就像四个垒都有人，在人生的旅途上，在不断开创的事业中，我们无不需要他人的信任，本杰明·富兰克林说："不要诋毁任何人，即使他有很多众人皆知的缺点，那你也要尽量找出一些优点来。"赞美你的对手，用你的人格魅力打动对方，也向你的梦想靠近一步。

世界上任何事物都是既对立又统一的，对立统一规律存在于一切事物的发展、变化之中，解决问题要抓住矛盾的主要方面。对人际交往而言，人与人之间也是对立统一的，既相互对立，又相互依赖。你与最好的朋友之间也有对立面，与最仇恨的敌人之间也有依赖面。其实，只要你不把别人看成对手，别人也不会与你为敌。

"对不起"可以解决很多麻烦

　　唇齿相依就会有牙咬着肉的时候，与人交往时自然也难免闹些矛盾，这是很正常的现象，关键问题是发生矛盾后怎样解决。其实，一句非常简单的"对不起"就可以解决很多麻烦事，说它是化解矛盾的灵丹妙药也不为过。

　　一只狮子不经意间闯进一间四面镶着镜子的屋子，它突然看到很多狮子同时出现。这只狮子大吃一惊，之后便开始龇牙咧嘴，发出阵阵低沉的吼声。镜子中的狮子看起来也非常生气，每只狮子都开始怒吼。这只狮子看到后吓坏了，它惊慌地开始奔跑，一直到体力透支，倒地死亡。

　　这个故事正是我们生活的一个折射，假如这只狮子肯对着镜子表示友善，情形就会立刻改观，镜子里的狮子必然会回报它相同友善的动作。而当我们对别人主动表达心中的善意时，情形一定会有所改善。人际交往本就有这个规则——你敬我，我才敬你，而说"对不起"则是尊重别人的体现。

　　在社交时学会向人道歉，是缓和人际关系紧张的一剂灵药。比如在公共汽车上你踩了别人一脚，一句"对不起"就能化解对方的不快。可是如果你什么都不说，就不要怪别人火气往上蹿了。

　　有人说："我也不是故意踩他的，为什么要道歉？"首先，你应该明白，道歉是一种有修养的体现，一句"对不起"能表达出你的悔意，使受到伤害的人感到一丝安慰。另外，无论你有什么原因，你的行为都给别人带来了一定的麻烦和痛苦，你应该对此负责。"对不起"是在请求别人的谅解。有些年轻人火气太大，经常是明摆着自己错了还不认账，甚至强调别人不对的地方，这着实让人恼火。于是，我们经常看到人们为了鸡毛蒜皮的小事就大打出手的情景。事实上，当时只要真诚地说句"对不起"，结局将是很愉快的。有诚意地说句"对不起"是你为自己的过失付出的代价。在道歉时，一定不要先辩解，在别人看来这样其实是在推脱责任。这时，即使后面补上"对不起"，也是没有诚意的，这样道歉没有任何意义。

"对不起"是能缓和气氛的最佳话语。"人非圣贤，孰能无过"，傻瓜都知道为自己的行为辩解，可是那往往只会让事情更糟。所以不如坦然地说声"对不起"，它表示着忏悔和尊重，同时也是勇气和责任的象征。

有一次，张明手中拿着一份报告，他谦逊而有礼貌地对老板说："这是您让我写的下个月的计划方案，我写了3个，也详细地写出了它们的利弊。您看实施哪个方案比较好？"这时，老板居然勃然大怒，拍着桌子对他喊道："你究竟选定了哪个方案？为什么不把自己的想法告诉我？是不是不想承担责任？"张明听后吓了一跳，他委屈地想：就是让您拿个主意，至于这么生气吗？真是不可理喻。看张明张着嘴欲言又止的样子，老板更加生气地大吼："你还不服气了，公司养你们是做什么的!"张明捏了一把汗后，做了一个出乎自己意料的决定，他对老板轻声说："对不起。"老板听后，马上闭了嘴，火气也消了，他对张明说："你先拿回去做个选择再给我看吧。"

无论是什么事，只要是出了问题，其中固然有很多原因，可是问题的关键在于这件事是谁办的谁就该负责。也许老板是有些拍板的味道，是有些仗势欺人了，可关键问题还是在于张明开始时没有主见。如果他再一直强调原因，难免让老板感觉他是自己给自己开脱责任。这时他做了正确的选择，"对不起"既简单，又表示了歉意，对方便不能发火了。俗话说："杀人不过头点地。"一般只要选择道歉，对方也会放你一马。其实，如上文中的张明一样，即使错误不是你一个人的，要息事宁人，也最好先说声"对不起"。这样就能避免双方进入备战的气氛，以后的事情也就好办多了。

"对不起"本来是很简单的一句礼貌用语，但并不是谁都会说的。衷心地说声"对不起"不仅能弥补破裂的关系，还能够增进感情。说"对不起"的方法主要有以下几种：

（1）不要认为说"对不起"是耻辱的。"对不起"是真挚和诚恳的表现。

即使是大人物，也是懂得道歉的力量的。丘吉尔开始对杜鲁门的印象不好，可是后来他告诉杜鲁门，说开始的时候低估了他，这是以赞美的方式表示歉意。

（2）该道歉的时候立刻道歉。说"对不起"要及时，犹豫不决会失去道歉的良机。"对不起"越拖延越难以启齿，有时甚至追悔莫及。如果你觉得某人得罪了你，却迟迟没致歉，你是不是会闷闷不乐呢？对方和你的感受也一样。

（3）除了要在口头上道歉以外，更重要的是在行动上弥补过失。

在开会前，公司都会配给出席者一份资料，可是有一次开会时，却漏印了一部分资料，而这个错误是因为负责复印的李明忽略导致的。虽然这部分资料对会议的进行不会造成什么大的阻碍，可是李明将会受到领导的批评是毋庸赘述的。

但是，结果领导并未对李明进行过多的指责，只是因为李明对领导说："请您把资料再借我一下，我想重新复印一份。"过了一会儿，他把完整的资料拿给了出席会议的人。

领导因此对李明的能力重新做了肯定。李明不仅道歉了，而且他想办法补救的态度让领导感觉他有强烈的责任感，所以领导对他的印象很好，没有过多地批评他。

即使我们再小心对待，也难免有犯错误的时候。此时，对于所犯的错误，及时道歉并弥补才能获得对方的原谅。当然，前提是你一定是真诚的。

另外，"对不起"还可用于其他场景，它同样会使你受益。比如在别人给了你一点方便和照顾时，哪怕这种照顾和帮助是对方分内的事情，你也应该说："对不起，给您添麻烦了。"在社交场合，需要麻烦别人时，说句"对不起，您能帮我"，能体现出一个人的谦虚及修养。现实中同样有很多人不擅长道歉，但是若想在社会上生存，想拥有真正的朋友，我们都必须学会道歉。掌握好道歉的学问，正确地使用道歉技巧，将使你的人生充满阳光。

1. 了解自己错在哪里

考虑一下自己到底在哪里出了错，伤害到了他人。清楚地认识到错误并作有针对性的道歉，效果会更好。

2. 敢于承担责任

有效的道歉既不是一种为自己狡辩的伎俩，更不是要去骗取别人的宽恕，你必须要有责任感，勇于自责，勇于承认过失，才能够真心的道歉。

3．用清楚和正确的文字，而非煽动性的文字

通常，受伤害者要的，无非是你承认错误，并且表明以后不会再发生此类伤害。因此，如用文字去道歉时，须注意：过多情绪性的字眼，并没有帮助。道歉的重点在于：发出清楚、直接、诚恳的道歉讯息。

4．思考道歉的角度

道歉可以用角色对角色，或个人对个人的方式进行，看哪种状况比较容易。举例来说，公司里两位主管在语言上起了冲突，如果一方仍然对对方心中有气，可以站在职位角色的立场，向对方表达："我们都在一家好的公司工作，我应该要更了解我们之间的差异。我很抱歉先前讲话很粗鲁。"这么一来，即使对方仍然余怒未消，但对立气氛已经比较缓和。

5．直接了当的道歉

某件事做错了，某句话说错了，可以开诚布公地直接向对方道歉，可以用"对不起"、"我错了"等话向对方道歉，这种真诚坦白的态度容易得到对方谅解。

6．如果你觉得道歉的话说不出口，可以用别的方式来代替

一束鲜花可冰释前嫌；把一件小礼物放在对方的餐桌上或枕头底，可以表明悔意，以示爱念不渝；大家不交谈，触摸也可传情达意，这就是所谓的"此时无声胜有声"。

7．道歉并非耻辱，而是真挚和诚恳的表现

大人物有时也道歉，丘吉尔起初对杜鲁门的印象很坏，但后来他告诉杜鲁门说以前低估了他，这是以赞誉的方式表示歉意。

8．请别人代你道歉

如何自己不便于出面，可求助于第三者。可以将自己的歉意或者暗示给你们双方都熟悉的另一位朋友，请求他为你向对方道歉。

9．夸大自己的过错

你越是夸大自己的过错，对方越不得不原谅你。

10．采取补偿的具体行动

给对方送点小礼物，请对方一起吃饭等都不失为好办法。具体行动更能表现出你的诚意。

11. 赞美对方胸怀宽大

大多数人受到赞美后，都会不自觉地按赞美的话去做。

12. 及时道歉

假若你认为有人得罪了你，而对方没有致歉，那你应该冷静，不要闷闷不乐，更不要生气，也许对方正为如何道歉而不好过呢。

13. 你如果没有错，就不要为了息事宁人而认错

这种做法，对任何人都没好处。你要分清深感遗憾和必须道歉这两者的区别，有些事你可以表示遗憾，但不必道歉。

14. 用书面道歉

有时光嘴里说"对不起"是不够的。写在纸上比嘴里说的更有分量。你可以给对方写一封道歉的信或E-mail，表达你由衷的歉意。这种不见面的交谈既可以达到道歉的目的，又可免去一些难堪的场面。

15. 给对方发泄心中不快的机会

让对方骂你，将心中的怒气发出来，是挽回友谊的好办法。否则不满淤积在胸中，数年不散，你与对方将永远难修旧好。

16. 改正错误获得原谅

有些过失并不是通过向对方表达歉意就可以获得原谅的，在向对方表达歉意的同时，付诸改正过失的实际行动，往往是最真诚、最直接并且最有说服力的。

第七章

应对朋友，你需要精心维护

朋友是你人生中最宝贵的财富。人生不能没有朋友，朋友是你最忠实的情感支持者、知识支持者、生活支持者，他们的存在，不但会促进你事业的成功，而且会促进你生活的幸福。但是朋友不是天生就有的，它需要你进行精心经营和维护，这样方可获得宝贵的友谊。

竭尽全力为朋友帮忙

肯帮助别人，才能得到别人的更多帮助。为了在平时获得良好的人际关系，做足你的人情，有机会的时候，应该尽量为朋友帮忙。

总对朋友说"我很忙"就是对朋友的拒绝，也是对自己的封闭。星期天，朋友邀请你去打球，你因为要辅导小孩作业而推说"我很忙"；晚上，朋友因为伤心事想找你聊天，你因为要看电视推说"我很忙"。几次下来，朋友会很知趣地对你敬而远之。而当你需要朋友的时候，你会发现朋友也学着你的样子拒绝你。

总对别人说"我很忙"，似乎也是一种自私。有时候你确实有很多事要做，但并不是每件事都非常重要，也不是每件事都得立即完成。而此时，朋友有事请你帮忙，虽然那样会耽误你的时间，但如果你想着朋友需要你，想着你应该帮助朋友，那么你会把一些对自己来说不太重要的事先放一边。相反，如果只想到自己，那么就会以很简单而又挺有面子的一句"我很忙"加以拒绝，有时也会假惺惺地加上一句"对不起"。不管朋友的事大小如何，如果把对朋友的帮助放在最后一位，放在自己所有小事之后，那么可以想象朋友在你心里的位置。当然，如果此时家里来电话，你肯定不会说"我很忙"。如果朋友请你去吃饭，你可能会笑眯眯地说"我一定去"，而不是"我很忙"。

有时候，推说"我很忙"是一种无能的表现。有的人头脑里塞满了各色各样的事，当朋友有事相求时，虽有心相助，但自己弄不清该如何安排自己的事，不知道哪件事重要，哪件事紧急，所以，只能无奈地对朋友说声"我很忙"。如果是领导吩咐的事，聪明的人会安排好自己手头的事，尽可能抽空完成领导交待的任务；而无能的人面对自己一大堆杂乱无章的事，只能对这个表现自我的机遇说

"我很忙"。

所以，我们在生活和工作中，要尽量少说"我很忙"。首先要能热心帮助朋友，满足他人的愿望。要知道，尽可能地帮助他人，也一定能得到他人无私的帮助，而很多事情我们光靠自己一个人是难以完成的。

其次，我们要能清醒地分清事情的大小，安排好先后。如果自己的事情既重要，又急需完成，而朋友的事不太急，你当然可以另外安排时间。而如果自己的事和朋友的事都重要，也紧急，那么应该诚恳地说明原因，当然最好能帮朋友出主意，相信朋友会理解你的难处。

当然，"我很忙"也是拒绝一些人的无理要求的最好托辞。少说"我很忙"并非要总说"让我来"，抛开所有自己的事去帮助别人，这样做除了能让他人感激之外，似乎没太多的好处，相反，可能会因做不好自己的事而被人说闲话，这样反而会影响你的人际关系。

有事没事都要常联系

人生活在社会当中，时时刻刻都要在群体活动中度过，没有群体活动的人生是没有任何意义的，所以，要做足人情，保持朋友间的联络便成了人生的焦点问题之一。

人情需要精心经营和维护，在与朋友间的交往中需要培养一种习惯：没事的时候也要记得与他们经常保持联络。如果平时连一声问候也没有，到了有事相求时才找出尘封已久的名片簿查找别人的联系方式，与别人联络，结果是可想而知的。

就拿一个生活中常见的例子来说，如果你的一位10多年前的小学同学，与你住同一城市，彼此都知道对方的联系方式。但是，在逢年过节或者你遭遇不顺时，他从来就未对你问候过。突然有一天，他主动打电话过来要你帮他一个忙，你会怎么想呢？你多少还是会有那么一点不太乐意去帮他吧。反过来，如果你与他或许有几次联络，在节日或你的生日时问候过你、在你痛苦的时候关心过你，这时他打电话过来寻找你的帮忙，你心里就乐意多了吧。

道理其实很简单，经常与别人保持联系，你才能在别人的心目中占有一定的分量。有了这些，才会为你以后求人办事积累人情资本。

一般来说，人与人之间的关系会随着见面次数的增多而加深，很久不见面的朋友自然会日渐疏远。

即使你身为上班族，也不要一天到晚都埋头在办公桌前，不论多么忙碌的人，也总会有吃饭的时间和休息的时间。至于那些从事业务工作的人，更是整天都在外面奔跑，这样更能够多利用在外面跑的机会，联络那些久疏联络的朋友。

至于整日守在办公桌边的人，则不妨利用午餐时间，与在同一地区工作的朋友共进午餐。与其每天一个人吃饭，不如偶尔也打个电话约其他朋友一起吃顿饭，如果没有时间一起吃饭，一起喝杯咖啡也可以。如果彼此的距离稍远，坐计程车去也没关系，反正只不过是一个月一次的联谊。那些斤斤计较这些小钱的人，很难拓展自己的人际关系。虽然上班族的收入很有限，得靠省吃俭用才能存一点钱。但是，因此而失去所有与朋友来往的机会，就得不偿失了。

在外面奔波的人不妨利用机会顺路探访久未见面的朋友，即使是5分钟也可以；或是利用中午休息时间和对方一起吃顿便饭。虽然只有短短的5分钟，但却对与对方保持长久联系非常重要。

下班后，大家一块喝杯茶。不论是迎新送旧还是大功告成，找各种理由大家一块儿聚聚。这不只是大家互相联络感情，也是松弛一下紧张许久的神经的好机会，人原本就有喜新厌旧的本性，比起早已熟知的朋友，新的朋友更能吸引我们的好感并频频与之接触。

此外，你要时刻保持与老朋友的联系。所谓老朋友，就表示彼此已经有了相当程度的了解，珍惜老朋友的态度，也是吸引新朋友愿意主动与我们交往的力量。

英文中的"old"也有怀念的、亲切的意思。随着时间的流逝，人的思想也会日臻成熟，对人生的看法也会更加透彻，所以"老朋友"指的就是值得信赖的朋友。

老朋友指的是不受到时空的阻隔而一直保持着联系的朋友，这种朋友更难能可贵。这些老朋友正表示了我们自己过去的人生过程，不重视老朋友就是不重视自己的过去。老朋友或许是比不上新朋友来得新鲜，但拥有愈多的老朋友就如拥有愈多的无形资产一般，这也可以证明你自己的品德值得朋友信赖。

老朋友的价值实非笔墨所能形容。然而，如何与老朋友交往却不是一件容易的事。如果你自己不能保持新鲜感，如何让他人一直把你记在心中呢？

因此，无论你采用何种方式，都要积极地与你的新老朋友保持密切的联系，为你时不时地求人办事打下牢固的基础。

缔结友谊需要热情和帮助

　　人类需要相亲相爱，需要信任、理解、需要支持，需要朋友。在人的生命轨迹里，友谊是非同凡响的一笔财富，假如没有友谊，人的一生是多么贫瘠。而要获得友谊，就需要学会做人情，在细微处体现出你对对方的情谊。

　　美国前国务聊奥尔布赖特很多年前是BON电影公司的公关部经理。当时她面临着巨大的职业挑战，同时又必须面对许多现实的东西，像人际关系的处理、家庭生活的和谐等，但她巧妙地使这些烦琐的事情顺畅起来。

　　比如，她的下属总会在某一个繁忙的下午突然收到一张上面写着诸如"你辛苦啦"、"你干得非常出色"之类的小卡片，或一张精致典雅的卡片。而在她丈夫生日的那一天，她总会努力举办一个家庭小舞会，而且是一个人事先布置好，就这样，在繁忙工作的间隙，她并没有花太多的时间，却给他人送去了一份又一份快乐。

　　对这一做法，她饶有兴趣地解释说："大家的节奏都那么快，大部分人都忘了一些最基本的问候，都认为这些是不足轻重的小细节。其实正是这些细小的方面使人与人之间的情感变得不那么紧张，那我就想：为什么我不能做得更好些呢？"

　　她又说："一份小小的问候就能体现出一个人的真挚和诚意，使他人感到温暖。人与人之间渴望沟通和交流，而这些细小的方面是最能体现出你的那一份心意的。这是对我个人形象、风度的一个最佳传播，当她们看到那张卡片的时候，就一定会想起我，而且在她们心中隐含着对我的那一份谢意，会使她们更认为我是一个完美无缺的人，她们总会想到我好的地方，不会注意我的缺陷。"

从以上的故事可以看出，要获得友谊，我们就需从细节处下功夫来做足人情，使朋友能够体悟到你的情谊。

朋友之间无所谓付出

现在虽然不提倡"义气"，但知心朋友之间如果没有一点义气，就无法体现友谊的价值与情感的珍贵。"义"是大义，是良知，而不是义气用事，更不是哥儿们不分是非大打出手。

儒家认为："义"即道德义理，也是人类的欲求，人人都有道德上的价值，人格上的尊严，这就是人所本有的"良知"。一个人张口闭口都是钱，浑身的铜臭味，是没有精气神的。对于利的欲望难以满足，与人交往的目的，就是利用人家，对方没有利用价值便过河拆桥。利之所在，争夺不息，人本身具备的良知渐渐被吞噬，变得面目可憎。如果把"义"字摆在恰当的位置，舍得放弃，敢于付出，那么结果就会迥然不同，人活着也就压力小得多。

彼此讲"义"且敢于为朋友做出重大付出，这样的事例，中国历史上很多。下面我们看一则外国故事，同样会感动。

公元前4世纪，意大利的一个叫皮斯阿司的小伙子触犯了暴虐的国君奥尼索司，被判处绞刑。身为孝子的他请求回家与双亲诀别，可始终得不到暴君的同意。

就在这时，他的朋友达蒙愿暂代他服刑，并同意："皮斯阿司若不如期赶回，我可替他临刑。"这样，暴君才勉强应允。

行刑之期临近，皮斯阿司却杳无音讯，人们都嘲笑达蒙，竟然傻到用生命来担保友情！当达蒙被带上绞刑架，人们都悄无声息地看着这悲剧性的一幕时，突然，远方出现了皮斯阿司，飞奔在暴雨中的他高喊："我回来了！"继而热泪盈眶地拥抱着达蒙做最后的诀别。

　　这时，所有的人都在拭泪。国君出人意料地特赦了皮斯阿司，他说："我愿倾己所有来结识这样的朋友。"

　　从这个故事，可以得到启示：好朋友的人格可以映照你的人格，他可以在你怯懦的时候给你勇气，在你犹豫不前的时候给你一种果断。一个好朋友，他会给你内心增加一种自省的力量，好朋友不会使你堕落或者更多的放纵自己，反而会让你从他人的内心包容上找到自己的弊病，找到自己的缺失。

让他们感受到你的真诚

诚，就是最真，最真就能达到最美，最美就能达到最善，这样便是天地的大德。做人，没有诚信，也就失去了社会人际关系的基础。与人相处，求人办事"以诚换诚"，相信人是可以被感化的，正如曾国藩所说："宜以真心相向，不可常怀智术，以相迎距。凡人以伪来，我以诚往，则伪者亦共趋于诚矣。"

曾国藩朋友很多，他说："现在朋友愈多，讲躬行心得者，则有唐镜海先生、倭仁前辈以及吴竹如、窦兰泉、冯树堂数人；穷经学理者，则有吴子序、邵惠西；讲习文学而艺通于道者，则有何子贞；才气奔放者，则有汤海秋；英气逼人，志大神静者，则有黄子寿。又有王少鹤、朱廉甫、吴莘畲、庞作人，此四君者，皆闻余名而先来拜；虽所造有深浅，要结有志之士不甘居于庸碌者也！京师为人文渊薮，不求则无之，愈求则愈出，近来闻好友甚多，予不欲先去拜人，恐徒标榜虚声；盖求反以匡己之不逮，此大益也！标榜以盗虚名是大损失也！"

道光二十六年(1846年)，曾国藩在城南报国寺养病，有时间向刘传莹请教古文经学与考据之学。刘传莹见曾国藩待友真诚，不是自己想象的只顾攀附权贵的势利之人，于是愿意帮助曾国藩，同时他也看到了曾国藩在学识上的长处，例如对理学的精通，于是两个人互相切磋，取长补短，成为挚友。

曾国藩通过与各种学有精专的人交往，拓展了自己的学识，在学术领域的路子越走越宽。中国历史上纯粹的文人率兵打仗而功勋卓著的不多见，曾国藩是其中一位，或许正是这一点，曾国藩在中国近代史上尤其引人注目。人们这样评价他："德比诸葛，功过萧、曹，文章无愧韩、欧，实为近百年来难得的圣贤。"

与人交往贵在以道相合，以义相聚，以信相守，以心相应；贵在互相敬重，互相信赖、互相体谅、互相爱护、互相帮助。而最要禁忌的是，以权力相交、以势力相交，权势倾倒就会绝交；以利益相交的朋友，利益没有就会疏散；以富贵、功名相交的朋友，利害相背就会离开。惟有以道义相交、性情相交、肝胆相交、真诚相交，才会深切长久。

曾国藩交友没有门户之见，他的朋友罗泽南家境非常贫寒，曾国藩没有嫌弃他，他被罗泽南刻苦读书的精神所感动，十分敬重他，常在书信中表示敬慕之意，称他为家乡的颜渊。罗泽南与曾国藩同一个县，他年轻时，连遭不幸，母亲去世，接着又是兄嫂去世，继而自己的三个儿子连续夭折，他老婆哭瞎了眼睛，但罗泽南却"益自刻厉，不忧门庭多故，而忧所学不能拔俗而人圣；不忧无术以资生，而忧无术以济天下"，他有如此抱负，所以"溺苦于学，夜无油灯，则把卷读月下，倦即露宿达旦"。曾国藩发现了他，走近了他，举荐了他。后来，罗泽南以儒生的身份带兵打仗，立下了赫赫战功。

曾国藩在《冰鉴》中写了不少观人之法，其实他知道人是最难看透的，所以他说："吾辈总以诚心求之，虚心处之，心诚则志专而气足，千磨百折，而不改其常度，终有顺理成章之一日；心虚则不客气，不挟私见，终可为人共谅。凡正话实话，多说几句，久之人自能共亮其心，即直话亦不妨多说，但不可以讦为直，尤不可背后攻人之短。驭将之道，最贵推诚，不贵权术。"

有个叫周寿昌的人，善于交际，是湖南京官的百事通。

可他生活不检点，经常逛妓院，与妓女饮酒赋诗弹唱。有一天，曾国藩听到人们对周寿昌的议论，感到周寿昌如此下去，会把光阴和前程耽误掉，于是出于朋友的关心，他找到周寿昌，狠狠地把他批评了一番。周寿昌听了朋友的批评，心里很不舒服，往后见到曾国藩就远远地绕路走，两个人的关系渐渐淡漠了。后来周寿昌意识到曾国藩对自己的指责，是出于对朋友的关心与爱护，于是感到对不起曾国藩。他在京城信息灵通、路子宽广，一次得到一个绝密的消息，皇上一直在考虑起用曾国藩，但未最后拿定主意，皇上分别召见了恭王奕訢和内阁学士肃顺，二人都主张起用汉人来镇压太平军得到这个情报，曾国藩非常感激周寿昌，因为自己是否出山还在忧虑，这下吃了定心丸，立即向朝廷上了一道奏折，建议在长沙建湘勇大团，很快得到了批准。

还有一位叫朱尧阶的人，也是曾国藩"以诚换诚"的朋友，朱的父亲善于经营生意，所以家境较为富裕，而曾国藩家由于人口众多，相比之下要比朱家的经济能力差很多。朱尧阶为了尽朋友之情，时常慷慨资助曾国藩，希望好友能安心科举。曾国藩有人资助，没有后顾之忧，非常感激朱尧阶，他在家书中说："朱尧阶每年赠谷四十石，受惠太多，恐难为报，今年必当辞却。"

当曾国藩在京城为官时，他的几个弟弟如曾国潢、曾国荃、曾国葆、曾国华等，都先后当过朱尧阶的学生。这段时间里，曾国藩与朱尧阶交往频繁，情同手足。后来，曾国藩的官越做越大，但他与朱尧阶的交情，并没因两人的地位悬殊而淡化疏远，始终保持着深厚友谊。朱尧阶60岁的时候，时任两江总督的曾国藩，虽然公务非常繁忙，但他还是从百忙中抽出时间，向老友写了一副寿联，特地从南京寄到北京，寿联说："铁杖寄怀二千余里，金兰结契三十五年。"

到了同治十年(1871年)，曾国藩60大寿，朱尧阶也写了一副寿联祝贺："祝寿于四千里外，挺生在五百年间。"

曾国藩与朱尧阶的友情维持了40年之久，令人感佩，这其中的"诚"，起到了重要的作用。

以诚换诚，即以自己的诚心与人相处，一定会交到心性相通、志趣相投的朋友，一定会赢得他人援手相助。

帮助朋友行动更重要

对别人的帮助要落在实处，不要停留在口头上。世上有两种帮助，一种是随便帮帮，一种是一帮到底。前一种帮助也是帮助，也能够给人带来好处，但它不算真正的帮助，因为这种暂时的帮助在关键的时候就不管用了。后一种帮助才是真正的帮助，才会帮助他人彻底解决实际困难。

帮助他人也是需要技巧的。也就是说在具体的情景下，当你想帮助某个人的时候，你要注意具体方法，明白如何去做才能使他真正得到你的帮助。一位盲人在大街上着急地用拐杖敲着地面，是在说他不知道该怎么走了。好心的你走上去，想帮助他，告诉他左边是北，右边是南，其实他仍然分不清楚。他需要你拉着他的手，带着他走一段路。

帮助他人要坚持不懈，不要一时兴起，不要毫无选择性地付出你的帮助，也不要因心情问题就拒绝帮助他人。毛泽东说过，"做一件好事并不难，难的是一辈子做好事"。现代社会，在金钱的冲击下，很多人的一举一动都在考虑着自己的利益，别说帮助别人，更别提坚持不懈地帮助别人了。无私地、始终如一地帮助他人，一直是受社会所尊敬的优良品质。帮助他人，不要居功自傲。在人际交往中，当我们帮助了他人时，不必以此沾沾自喜、自鸣得意，更不能摆出一副救世主的面孔，因为我们的帮助应该是无私的、诚恳的，不存在半点恩赐的感觉。如果老记得自己有恩于他人，这样活着岂不是很累吗？居功自傲的人常常因为其骄横的态度而招致别人的不满，人们不愿接受他的帮助，这样的人也不会有好人缘。

　　在别人有困难的时候，别忘了该出手时就出手。人的一生不可能一帆风顺，难免会碰到失利受挫或面临困境的时候，这时候最需要的就是别人的帮助。这种雪中送炭般的帮助会让原本无助的人记忆一生。有时候不用很费力地帮别人一把，别人也会牢记在心，"投我以木瓜，报之以琼琚"。

不要"有事有人，无事无人"

生活中有许多人抱着"有事有人，无事无人"的态度，把朋友当作受伤后的拐杖，复原后就扔掉。此类人大多会被抛弃，没人愿意再给他帮忙；他去施恩，大概也没人愿意领受他的情。

某君便有一个这样的朋友，是很好的例子："我有一个高中三年同学，而且是十分要好的朋友。我们进入了同一所大学，刚开学，她就主动地当了班级干部。有人说：地位高了，人就会变。自从她上任后，见到我，有时干脆装作没看见，日子久了，我们就疏远了。但她有时也突然向我寻求帮助。出于朋友一场，我总是尽心尽力地做我所能。可事后，她老毛病又犯了，我有种被利用的感觉，却无奈于心太软。就这样她大事小事都找我，其他朋友劝我放弃这份友情，这种人不值得交。当我下决心与她分开时，她伤心地流下泪，她除了我竟没有一个朋友。"

一个没有人情味的人，是永远玩不了"施恩"这看似简单实则微妙的人情关系术的。比如说，给人帮助不能过于"挑明"，以免伤人自尊；施恩于人不可一次过多，否则会成为对方的负担，双方再难维持关系。这种人只会用"互相利用，互相抛弃，彼此心照不宣"来推挡，而不去深思人情世故的奥秘之处，所以无法达到人情操纵自如的境界。

要让自己的人情味变得更足，应注意以下几点：

（1）与朋友多待在一起，最好是"泡苦水"

人们在一起共事时，大家同舟共济，共同的命运把彼此联在了一起，只要采取合作态度，互相支持、互相帮助、互相关照，是最容易产生情感认同的。特别是在困难环境中，彼此相依为命、共度难关、情谊深厚，可能终生难忘，交情将更为牢固。比如，当年不少知识青年从城里到乡下插队，几年中大家一个锅里吃、一个炕上睡，哪一个人受了欺负，大家一起为他鸣不平，共同的经历必然转化为深厚的感情，铭刻在各自的记忆中，不管日后分散天南海北，做了什么工作，谁也不会忘记这段交情。

共事时间长固然可以形成深厚的交情，有时相处时间并不长，但只要同心协力、相互支持、彼此关照，能引起对方的好感，同样可以建立难忘的交情。有这样两个军人，一个在司令部当参谋，另一个在政治部当干事，平时并没有什么交往。有一次部队拉练，他们两人作为工作组成员被分到了一个连队。部队每天走百里路，行军路上，他们互通情况；收集材料，一起帮助连队组织好行军，为解除战士行军的疲劳，还轮流作宣传鼓动；脚上打了泡，每到一地，互相帮助对方挑泡，买了吃的一起分享。就这样，行程千里，圆满完成任务，两个人也结下了深深的交情。20年后，当了部长的参谋到外地开会，还专门绕道到某陆军学院去看战友。两人见面，忆起当年一起行军，分吃一个苹果，一起追野兔子的情形，不知有多么高兴。这样，十天的交情，记了一辈子。

（2）培养与朋友的共同兴趣，以达"趣味相投"的高度

有时候因为共同的兴趣爱好，也可能成为彼此交情的纽带。比如，都爱下棋，在路边棋场相识，相互成了棋友；都爱垂钓，在湖边相遇成了钓友，这样共同的东西把彼此召唤到一起，在共同切磋中，便结下了友情。某军校外面有一条清幽的小路，早晨常有人到这里跑步锻炼。一位姓王的教员和一位姓高的教员，每天跑步之后在这里相遇，然后一起散步，边走边聊天，由一般的寒暄到互相了解。两个人都爱好写作，少不了交流体会、看法，彼此虽没有物质的交往，只是一种信息和思想观点的交流，但依然有很强的吸引力，都觉得受益匪浅。时间长了，共同语言越来越多，形成了习惯，不管春夏秋冬，他们都不约而同准时到这里会合。后来，老王调到北京还经常打电话来问候，保持着密切的联系。

（3）杜绝"一次性交际"的心态及行为

勿庸置疑，在某些"实用型"人物的眼中，所谓的"人情"便是你送我一包烟，我给你几块钱，就像借债还钱，概不赊欠。这种一次性的交际行为看似洒

脱，实则包含了太多的困惑与无奈。诚然，受助者也许在短时间内不愿再次开口求助，而实施援助行为的一方其实也没有必要固守"事不过三"的古训，当人家确实有困难而无能为力的时候，尽管你已经帮助过他，尽管他不好向你开口，但作为知情者，你不应无动于衷，而不妨再次主动伸出援助之手。事实上这种"后继有人"的交际行为能够赢得更大的"人情效应"，即使受助者一时无力给你回报，你的行为风范，你的崇高秉性，已被更多的人所知晓。

要容忍朋友的过错

原谅与容忍是一对孪生姐妹，经常原谅别人的人有容忍他人的能力；学会容忍的人容易原谅他人。原谅是真爱，它比爱情、友情木身要付出更多的时间与感情，它是痛苦的，也是美丽的。放弃不等于失去，原谅不等于忘怀，只是我们真的原谅一个人时，也给自己在别处开了一扇窗。原谅有时也是一种解脱，让自己把一切看清楚，让自己的心放个假。

你对朋友越宽容，得到的回报就越多。朋友小李的日记被他的一个朋友无意中看了，小李知道后，流着眼泪，烧光了所有的日记。从此她再也不写日记了。她本来是个活泼开朗的女孩子，在这次"日记事件"后，却变得孤僻少言，不爱与人交往了，这种状况直到工作后才有所改善。

从心理学角度来看，小李的日记被偷看属于生活中的"重大的消极事件"。朋友是小李最信任的人，所以，她将日记放在自己的枕头边，并没有想到要藏起来。当她发现自己最信任的人偷看了自己的日记，朋友的形象突然在她心中坍塌了，伴随着坍塌的还有小李心中原有的价值体系。既然朋友都不可信，那么还有谁可以信任呢？于是，她采用了最消极的方式来对抗，那就是再也不写日记，也不相信任何人。随着消极认知模式的形成，她逐渐出现一定程度的情感障碍，表现为抑郁和自我封闭。

在生活中，被自己信任的人"出卖"的事件为数不少，如：你向密友倾诉的秘密被他告诉了别人；你很意外地发现一个工作机会，告诉你的同学你要去应聘，等你去面试时却发现同学已经捷足先登等等。这类事件发生在你身上，你自然是无辜的，也是受害者。因此，要学会保护自己，免受他人过度的伤害。

　　小李应该原谅朋友，宽容可以加强朋友的关系。另外，从此要注意保护好自己的隐私，不要给别人犯错误的机会。朋友之间彼此分享隐私应该有个限度，知道了别人隐私的同时也有了替人保密的义务和替人解忧的责任。所以你在和朋友谈及自己的私事时要考虑到他能否承担这些额外的压力。

　　如果事情发生了，则要把事情发生的原因尽量归因于偶然事件，不要以偏概全，得出人人都不可信的偏激结论。在事情发生之后，要用积极的态度与行动去应对。比如，日记当然可以照写，朋友照样相处。

　　最后，与人相处不要把对方理想化和绝对化，世间很少有绝对的善与恶。要能容忍别人的过错，你对人越宽容，得到的回报就越多。

第八章

应对亲邻，正确处理关系

　　你的亲戚、邻居以及父母的老朋友都是你人际关系的一部分，与他们的人际关系处理好了，你办起许多事情来就非常方便，你的人生处境就会获得很大的改善。因此，你必须学会与他们进行有效的交往，正确处理与他们之间的关系，使他们成为你人生中的一笔宝贵财富和成事的资本。

与邻居交往一定要讲信用

邻居之间要搞好关系，须"人敬我一尺，我敬人一丈"。如果彼此如陌生人，"鸡犬之声相闻，老死不相往来"，到时候谁家有难，远水解不了近渴怎么办？所以，邻居之间要交往，相互照应，有忙必须办。

平时对邻居要守信，许诺人家的事就要办。巴基斯坦前总统阿尤布·罕曾经说过："信用犹如一根细丝，一旦断了，就很难再把它接上。"这个比方恰如其分地说明了信守诺言的重要。然而有的人却不是这样。假的终归是假的，终究是长不了的。言而无信，逞一时的口舌之能，贪一时的风光，只能是搬起石头砸自己的脚。只有那些恪守信用的人才能受到别人的欢迎。言而无信与信守诺言都是习惯问题，但这两种截然不同的习惯会影响人的一生，或贫或富，很大程度上取决你的信用如何。

诚信的氛围在于大家合力营造，先在亲人、朋友、邻居和合作者之间慢慢达成，进而一步步推而广之，最终像一圈圈涟漪扩散至整个社会。

东汉时，汝南郡的张劭和山阳郡的范式同在京城洛阳读书，学业结束，他们分别的时候，张劭站在路口，望着天空的大雁说："今日一别，不知何年才能见面？"说着，流下泪来。范式拉着张劭的手，劝解着："兄弟，不要伤悲。两年后的秋天，我一定赶到汝南郡去你家拜望老人，同你聚会。"

落叶萧萧，篱菊怒放，这正是两年后的秋天。张劭突然听见天空一声雁叫，牵动了情思，不由得自言自语地说："他快来了。"说完连忙跑回屋里，对母亲说："妈妈，刚才我听见天空雁叫，范式快来了，我们准备准备吧!""傻孩子，山阳郡离这里一千多里路，又没有什么重要的事，范式怎会来呢？"他妈妈不相信，摇头叹息："一千多里路啊！"张劭说："范式为人正直、诚恳、极守信用，不会不来。"老妈妈只好说："好好，他会来，我去备点酒。"其实，老人只是嘴上说说而已，只是怕儿子伤心，宽慰宽慰儿子而已。

约定的日期到了，范式果然风尘仆仆地赶来了。旧友重逢，亲热异常。老妈妈激动地站在一旁直抹眼泪，感叹地说："天下真有这么讲信用的朋友！"范式重信守诺的故事一直为后人传为佳话。

在与邻居交往中，就得讲信用。如果像张劭和范式那样彼此信任，邻里关系就会非常好，像朋友一样在彼此信任中感动、幸福。主动帮助邻居办点事，这种精神是可贵的。但是，办事要量力而行，承诺要掌握分寸。因为，诺言的能否兑现不仅有一个自己努力的程度问题，还有一个客观条件的因素。有些在正常情况下可以办到的事，后来由于客观条件起了变化，一时办不到，这种情况是有的，这就要求我们在邻居面前，不要轻率地许诺。有的事，明知办不到，就应向邻居说清楚，要相信邻居是通情达理的，是会原谅的，千万不要打肿脸充胖子，在邻居面前逞能，轻率许诺。这样，不但得不到信任，反而会失信于邻居。

家长里短要知道"礼节"

邻居相处，自然会家长里短，谈心事。可是，有些人喜欢翻来覆去地述说一件已经说过多次的事情，也有些人会把一个土得掉渣的笑话当成新鲜的笑料。

作为一位听众，此时，就要练一练忍耐的美德了。不能对他说："这话你已经说过多次了。"这样，会伤害他的自尊心。你惟一能做的就是耐心倾听，在心中想想他的记忆力不好，并真正同情他，接受他的善意。但如果说话的人滔滔不绝，而你又毫无兴趣，觉得不值得花费时间和精力忍耐，应该巧妙地停止与他乏味的谈话，但千万注意，不可伤害对方的自尊心。最好的方法是不动声色地将话题引向对方在行，而自己又感兴趣的内容。

在说话时，别人最怕不诚恳、不老实的人。而一般人在交际时常常喜欢胡乱恭维。

在说话时，别人最讨厌自高自大、惟我独尊的人。而有的人却自以为别人都会敬佩自己，反而因此遭到别人的鄙视。

在说话时，别人最怕对什么都无动于衷的人，所以和别人谈话时要有所反应。时不时点头微笑；时不时对别人的观点表示赞同；时不时提出自己的意见；听到别人迸发出的妙语警句时，不妨大大赞赏一番。

既要善于聆听对方的意见，又要适时发表个人意见。一般不提与话题无关的事；也不要左顾右盼，心不在焉；更不要漫不经心地看手表、伸懒腰、玩东西等表现出不耐烦。

在社交场合与邻居谈话时，一般不要涉及疾病、死亡等不愉快的主题，不谈荒诞离奇、耸人听闻或者黄色淫秽的事情。对于女性，一般不要询问年龄和婚姻状况。所谓"见了男士不问钱，见了女士不问身"。不要径直询问对方履历、工资收入、家庭财产、衣饰价格等私人生活方面的问题。与女士谈话不要说她长得胖、身体壮、保养得好等，对方不愿回答的问题不要追问，也不要追根问底。不慎谈到对方反感的问题时，应及时表示歉意，或立即转移话题。

与邻居交谈时要竭力忘记自己，不要老是没完没了地谈个人生活，如自己的孩子、自己的事业如何。你要在交谈中给对方发表意见的机会，可以尽量去引导别人说他自己的事情，同时，你以充满了同情和热诚的心去听他的叙述，一定会让对方高兴，给对方留下好心情。

另外，说话时，一定要注意用词，切忌尖刻难听。

说话尖刻的人，未尝不自知其伤人，而仍以伤人为快，这完全是一种病态的心理。之所以这样，也自有其根源，换句话说，就是环境逼他走入歧途。第一，这种人有些小聪明，且颇以聪明自负，而一般人却不承认他聪明，因此他有怀才不遇之感。第二，这种人富有强烈的自尊心，希望别人都尊重他，偏偏没有这回事，因此他仇视任何人。第三，仇视的心理一直郁积在心里，始终找不到释放的机会，他又不知自身修养，于是只有找邻居发泄。因为刺激的方面太多，每个与他接触的人都成为发泄的对象。他认为人们都是可恶的，不问有无旧恨，有无新仇，都伺机而动，滥放冷箭。这种人只会失败，不会成功，在家即使父兄妻子等亲人，也不会和他关系融洽；与邻居说话刻薄，别人则以眼还眼，以牙还牙，最终成为众矢之的。所以说，说话尖刻足以伤人情，而最终是伤自己。人都有不平之气。若觉得对方言语不入耳，不妨充耳不闻；若觉得对方行为不顺眼，不妨视而不见。不必过分计较，更不要伺机嘲弄、冷言冷语，甚至指桑骂槐。快语伤人并无裨益，谈话无"礼"惹人反感。

与亲戚需要加强联系

人与人之间由血缘关系和婚姻关系构成了亲属系统。亲属分为直系和旁系两种。直系，指血统相连续者之间直上直下的关系，旁系指血统出于同源者之间的关系。

亲戚是一种重要的人际关系，处理好了，是无价的财富。

有人说，我又不缺东西不缺钱，亲戚之间何必要常联系找麻烦呢？此话不对。纯洁真挚的亲戚关系是一种人情味比较浓的人脉关系，不能蒙上金钱庸俗的纱幕。而且，在生活中，互相关照、互相帮助，不仅仅是金钱，还有工作、学习、思想和生活。只有建立在亲切、亲近的经常联系的基础上，才能建立起正常的互帮互助的真诚关系，亲戚间缺少经常的联系，就可能出现"远亲不如近邻"的局面。

那么，应当怎样加强亲戚之间的联系呢？因为是亲戚，不是外人，所以，联系的方式可以比较亲切、自然，不必拘泥于客套的礼仪。比如多日不见，走动又无时间，最简单的联系方法是通过电话互相问候，询问有无需要帮忙的事情，这种联系可以随时保持。还可以通过互相祝贺生日来增进亲戚之间的情谊，因为祝贺生日的活动，更能体现亲戚间的亲近和关怀。亲戚间除了个别接触外，还可以搞家族式的聚会，比如同辈人(兄弟姐妹、堂兄弟姐妹、表兄弟姐妹)之间，可以轮流做东，互相邀请，举办家宴和舞会，以庆祝工作中的突出成绩，给老人祝寿等等。这种聚会既可以让大家感到亲切愉悦，其乐融融，又可交流思想，交换信息。

对于上一代人(如叔叔、伯伯、舅舅、姨等)，最宜于在节日和他们的生日时探望，问候和表示祝贺。前辈人会因得到后辈人的祝福，备加感受到人生的温暖和亲戚间的亲情，并将上一代人之间的手足情谊传递给后一代，增进后代之间以及两代人之间的了解和感情。

另外，在老人身体不适时，后辈人应该像对待自己的父母一样，经常去探视和关照。我们观察一下那些多子女的家庭就会发现，子女都成家立业之后，各小家庭之间，姐妹的来往一般比弟兄、姐弟、兄妹要多。这是因为，姐妹间的同胞情谊往往要胜过兄妹、姐弟间的情谊。这种状况是自然形成的，兄弟姐妹尽管是骨肉之亲，但仍有性别之不同。姐妹间自幼可以达到无话不说的程度，特别是进入青春期之后，她们可以互相谈论自己的心思，包括选择对象、建立家庭、未来的生活等等。往往对父母都不便讲的话，姐妹之间却可交流自如。姐妹之间的这种感情，是兄妹、姐弟之间的情谊所不及的。

比如，关于个人私生活方面的隐秘，姐姐一般不会对弟弟说，妹妹一般也不便向哥哥倾吐。姐妹间这种亲密无间的感情，就是在她们都结婚之后，也会带到她们新的家庭，影响到她们的丈夫，从而使襟亲间受到"爱屋及乌"的影响，联系自然也多了起来。姐妹婚后各自的家庭生活、养育子女、学习、工作甚至某一方面的苦闷，又会为姐妹间的思想交流增添新内容，并相应地成为襟亲间互相交流、互相帮助的内容。久而久之，襟亲间在思想、工作、生活上的互相帮助、互相照顾也就多了。

姐妹间的这种情谊还会传给下一代。例如，孩子对姨母有格外亲切之感，在孩子们的眼里，姨母的形象仅次于母亲；而姨对外甥或外甥女的疼爱之心，又往往不亚于对待自己的子女，这也是形成襟亲联系多的原因之一。

也正因为这样，所以襟亲之间的联系与来往会使各自的妻子感到快慰，从而丰富家庭生活的内容、增进夫妻间的情感；襟亲之间的交流还能从侧面加深对妻子的性格、气质、成长过程的了解，从而使夫妻关系更加协调、融洽，襟亲联系的这些好处，往往是其他的亲戚交往所不及的。

本来，亲戚之间都应当一样亲。但实际生活中却往往做不到，总有来往密切些的，也有不大来往的。其原因，有思想方面的，如政治观点的不同、生活态度的不同、志趣的不同，等等；有经济方面的，如生活水平的差距太大，等等；还有其他方面的原因，如职业、爱好、性格的不同，等等。来往密切的，自然就亲近些；来往少的，自然就陌生些。这都是正常的。陌生和疏远不同。陌生，是因为来往少，相互了解不深；疏远，则是一种态度，一种不欢迎对方的态度。一般地说，对亲戚不能采取这种态度。倘若疏远的原因是因为对方贫穷，这种态度就完全是错误的了。

亲戚之间应该经常走动

重视伦理道德，重视人伦关系，重视亲戚朋友间的友谊，这是东方人处世的显著特征。置身于人伦关系之中，也许你得到了亲友的资助，与亲友们和谐共处，办起事来会左右逢源。也许你与亲友们关系疏远，或者被亲友抛弃，乃至于众叛亲离。

无论你扮演着一个什么样的社会角色，无论你存在于一个什么样的人生处境，友谊至关重要，亲友们的理解和支持也至关重要。无论从精神因素而言还是从物质因素而言，概莫能外。

被人们称为"台湾经营之神"的台湾首富王永庆，曾经利用姻亲关系来为自己办事。有人曾这样说，要了解王永庆在商场一帆风顺的原因，还要了解台湾三大家族的背景。这里所说的台湾三大家族，就是王永庆、辜振甫、蔡万春。台湾的三大家族核心人物就是警备司令陈守山上将。陈守山的女儿嫁给蔡万春的妹妹蔡玉兰的儿子曹昌祺，而蔡万春的妹夫曹永裕也是台湾的富商。陈守山另一个女儿又嫁给王永庆的弟弟王永在的儿子，而陈守山的堂兄陈守实又是台湾信托公司总经理辜殊松的妹夫，辜振甫亦是台湾信托等台湾大企业的经营者。

港台报刊曾这样评价：在台湾，警备司令的权力非常大，可以说是拥有直接影响民生最大权力的人。台湾三大家族与警备司令有了亲戚关系，办事自然方便得多。这一评论，道出了亲戚关系在办事中的重要作用。

李先生是一家公司的老板，经过几年的辛苦经营，他已经成为名副其实的百万富翁了。到底是什么原因使他在短短几年内拥有数目可观的资产呢？

在一家报纸的记者采访他时，他说了这样一段话："自身的努力与勤奋固然是我成功的关键因素，但我的成功还来源于亲戚的帮忙。我的亲戚很多，在我未发达时，我就经常拜访他们，以至于彼此间关系都特别好。后来，在公司小有规模后，我仍不忘经常性地与他们保持联系。正是因为这种密切来往，我的亲戚都对我非常不错。刚创业的时候，资金有一半是由他们筹借；办公司遇到困难时，也多亏他们的帮助与鼓励；就是他们中的一些人，现在也在公司里帮我的忙，是我得力的助手，总之，在各种人际关系中，我最注重的就是亲戚关系，也正因为我的经常性走动，我才有今天的成就。"

李先生的话，从一个侧面证明了亲戚对一个人的重要性。

俗话说："是亲三分向。"在遇到困难的时候，常常能从亲戚那里得到强有力的支持。当然亲戚的关系也需要维持，否则，就可能造成"远亲不如近邻"的局面。那么，怎样才能保持亲戚间的亲近关系呢？

最重要的就是，亲戚间应该经常走动，常来常往，联络感情。

"不走不亲"，"常走常亲"，这是中国人一贯的观点，只有经常礼尚往来，才能沟通联系、深化感情、密切亲戚关系。

"常来常往"，首先表现在一个"往"字。这个意思就是说自身要发挥主观能动性，经常到亲戚家走走、看看，聊聊家常，联络联络感情，这样做是非常有益的。

亲戚与亲戚来往，除了一个"往"字，还要有一个"来"字。它的意思是除了经常到亲戚家走动外，也要经常性地邀请亲戚们到家里做客，利用自己的空间与亲戚联络感情，做一回主人，热情款待他们，让他们有一种家的温暖。中国自古就有"沾亲带故"一词，"沾"可以理解为攀附，它是利用亲戚关系的一个好方法。

现代社会中，由于经济的发展、人际关系的复杂，许多人的信念开始蒙上了一层金色的膜，他们已不再重视原先中国传统的价值理念了。一切都以维护自己的利益为先。因此，成功者有之，失败者更有之，成功了固然可喜，可失败呢？许多人也因此困惑于求助无路的烦恼之中，这时，大部分人会顺应"时代的潮流"，在"送礼风"的鼓吹下，求爷爷、告奶奶，当然，这"爷爷、奶奶"也不会那么轻易地帮你，在等价交换的基础之上，你才有可能会摆脱失败的痛苦。

　　但是，这时的你，不妨拿出这种精神，去求助于你的亲戚。毕竟，在任何社会，亲情永远是最可贵的！

　　运用亲情有一个原则，就是需要有一种"踏破铁鞋"的精神，要有一种不怕吃苦的精神，去找寻亲戚关系。

求亲戚办事要懂感恩

在传统的亲戚交往中，往往存在着一种误区，那就是：亲戚关系是一种血缘、亲情关系，彼此都是一家人，互相帮忙办事都是分内之事，都是应该的，没必要像其他关系那样客套、讲礼。其实，有这种想法就大错特错了。血缘的关系虽说是"砸断骨头连着筋"，但亲情的维护与保持却在于彼此之间的相互帮助与知恩图报上。

现实生活中，我们都有过这样的体验，作为亲戚的甲方若是一味地照顾、帮助乙方，而乙方则回报以不冷不热、不谢不颂的公事公办的态度，时间长了，甲方必定会生气，认为乙方是不懂人情、不值得关照的冷血动物。若乙方依然故我，认为甲方帮助他是应该的，那甲方必然会终止与乙方交往。相反，若乙方知恩懂情，虽然没有什么物质好处回报，但经常以自己的劳动力帮甲方做点家务活、跑跑腿等作为感谢，甲方也会得到心理平衡，愿意与乙方继续交往下去。

事实上，无论是一般关系还是亲朋好友，甚至是父母，都愿意听到一句别人对他们说的感谢话，虽然他们的付出有多有少，但受惠人一句滚烫贴己的话无疑对他们是一种心理的补偿。

对热情相助的人，在物质上给予回报，也是一种不失礼节的方式。物质回报虽然不是亲戚间交往的主要方式，但它毕竟存在于现实生活之中。我们提倡淡化物质交往，不是要取消物质交往，而是要让这种交往多一份真情，少一份铜臭。

李凌今年27岁了，能力很强，做过几年的生意，小发了一笔。但他不满足，总想干个大点的才过瘾。刚好村里的鱼塘要对外承包，他有心把池塘承包下来，只是手头的资金还是不够。

他左思右想，想到了他的一个远房亲戚，是他母亲的表弟，按辈分应该叫老舅的，老舅在县城承包了一个企业，经营得不错，是县城有名的"土财主"。可是李凌想到自己与他关系疏远好长时间没有走动了，贸然前去，显得唐突不说，事情肯定办不了。怎么办呢？他决定先把关系搞好，和这位老舅亲近起来。他打听到这几天老舅身体不太好，时常犯病，就看准时机，拎了一大包滋养品，来到老舅家。

"老舅啊，有些日子不来看您了，您老人家怎么病了呢？年纪大了，可要多注意身体，别太操劳了。我这里有点好东西，您好好滋补一下，身体肯定会好起来的。"李凌非常热情地说，并把东西放到了老舅的桌子上。

俗话说"礼多人不怪"，虽说两家好长时间不走动了，但今天外甥拎了那么多的东西上门，而且是在自己生病的时候，这位老舅心里格外高兴："小子，你今天能过来，老舅我别提多高兴了。今天中午咱俩喝两杯。"于是李凌就留下热闹了一番。

自此两家关系好了起来。以后李凌隔三差五地来看他的老舅。老舅视李凌如亲生儿子一般。李凌一看时机成熟了。这天他拎了两瓶酒来到老舅那里，两人喝了起来。李凌说："老舅，您老人家对我真是太好了，我都不知道怎么说才好啊。"老舅说："孩子，什么都不要说了，咱两家谁跟谁啊，我是你长辈，往后有什么困难尽管和你老舅开口。别的不说，怎么你老舅也是有身份的人。"李凌听后，故作激动万分之状，连忙把承包鱼塘的事情说了。

老舅以长者的口吻说："好啊，有志气，有魄力，老舅大力支持。做人就应该干一番事业。你的想法很好，不过具体做时一定要慎重，年轻人千万不能急躁。"李凌连忙点头称是，接着把资金短缺的事情也说了出来。最后，李凌顺利地从老舅手里借到了3万元并承包了鱼塘。

李凌正是凭借着与老舅的亲密交往，才获得了老舅的大力支持。这是一种典型的用投桃报李法求亲戚办事的方法。

与亲戚交往切忌斤斤计较

　　亲戚之间帮忙、办事应该讲究"投桃报李"，这也是维系亲情、继续交往的基础。但亲戚之间办事毕竟不是经商做买卖，若讲究谁投的多，谁报的少，追求量上的绝对公平，势必会陷入斤斤计较的误区，不利于亲情的维护和发展，因此让亲戚办事切忌斤斤计较。

　　在亲戚交往中，有些人对亲戚要求十分苛刻，总是尽量想对自己有好处，一旦亲戚有了困难，却不去关心和帮助，甚至避而不见，这是典型的市俗习气，是不足取的。亲戚交往，气量要大一些，切忌斤斤计较。你给我半斤，我给你八两，你敬我一尺，我敬你一丈。这样才有利于亲戚关系的密切发展。

　　朱德年轻的时候，特别注重与亲戚的关系。平时他总是为亲戚解决困难，做些不计较个人得失的事情，他的亲戚对他的印象都非常好，彼此间的关系也相处得非常不错。朱德当时年轻力壮，很有几分气力，在每年的农忙季节，他总是很快地把自家的庄稼给收完了。而这时，朱德并没有因此而停下来休息，他总是跑到其他亲戚的田地里去帮忙，这样，一天下来，总累得他腰酸腿疼。可第二天，他又拿起工具，继续去亲戚的田地里帮忙收庄稼，却从没有喊过累，没有抱怨。

　　有一次，朱德跑到一个表叔家去收庄稼，可这个表叔却是一个疑心病特别重、很小心眼的人，看到朱德来帮忙，就怀疑他要趁机偷自己的庄稼，所以在朱德干活时，就不时地监视他的行动，特别是朱德要走的时候，还要偷偷打开朱德带来放工具的筐子，检查是否拿走什么东西。这一切朱德都看在眼里，他微微笑了笑，然后说道："表叔，活干完了，我走了，我妈等我回家吃饭呢！"说完，背起筐子，挥挥手走了。表叔看到这一切，惭愧地摇了摇头，心里不由暗暗钦佩。

不斤斤计较，这就是朱德与亲戚处好关系的最根本原因。不计报酬帮助别人，帮助别人也不声张，好心相帮却被怀疑也不抱怨，这种亲戚关系的处理方法，看似被动，却是主动。在行动的过程中，由于你在发挥主观能动性，所以别人也会渐渐从行动中强烈地感到了你的主动，自然也就被你的主动所征服了。

不过，这个化被动为主动的过程也需要有一定的技巧。宽容待人，不斤斤计较，要做在明处，要让你的亲戚"无意"间发现，否则就会吃"暗亏"，就会被别人说成"矫揉造作"。所以这场合一定要把握好。

另外，不要"斤斤计较"，并不是什么也不在乎，"公斤"不在乎，"吨"不在乎，那不是现代社会关系中所应提倡的。这个"斤斤"的标准应该是在不损害自身根本利益的前提下，如果超过了这个标准，达到了"公斤"、"吨"，那就不得不计较了。否则，吃得亏会越来越大，而且，亲戚也会认为你这人真的"豪爽"，那占你"一两斤"或"一两公斤"也就心无愧意，"理"所当然了。

父母的朋友要经常拜访

用父母的关系网办事，就要多同父母的那些老朋友常联系，经常去拜访他们，做足他们的人情。这样，当你有事相求时才不会显得唐突。

左宗棠有个好友，好友有一个儿子名叫黄兰阶，他在福建候补知县多年也没候到实缺。他见别人都有大官写推荐信，想到父亲生前与左宗棠很要好，于是就跑到北京来找左宗棠。左宗棠见了故人之子，自然十分客气。但听到黄兰阶想让他写推荐信给福建总督时，顿时就变了脸，几句话就把黄兰阶打发走了。

黄兰阶又气又恨，离开左府，到琉璃厂看书画散心。忽然，他见到一个小店老板学写左宗棠的字体，而且十分逼真。他灵机一动，想出一条妙计。他让店主写了个扇面，并落了款，然后得意扬扬地回到了福州。到了参见总督的日子，黄兰阶手摇纸扇，径直来到总督府，总督见他很奇怪，问道："外面很热吗？都立秋了，老兄还拿扇子摇个不停。"

黄兰阶把扇子一晃说："不瞒大人说，外边天气并不太热，只是我这柄扇子是此次进京左宗棠大人亲自赠予的，所以爱不释手。"

总督大吃一惊，连忙要过黄兰阶手中的扇子仔细察看，发现确系左宗棠笔迹，一点不差。

他将扇子还与黄兰阶，就找到师爷商议此事。第二天就给黄兰阶补了知县的实缺，黄兰阶不到几年就升到四品道台。

就这样，黄兰阶欺世盗名，竟然一路高升，仕途畅通无阻。究其原因，还是因为他巧妙借用了父亲故友左宗棠的名声和权威。

故事中的做法虽然欠妥，但通过这个故事，我们可以得知父母的社会关系网在我们的生活当中也起着十分重要的作用。如果我们能够充分有效地开发父母的关系网，将会给我们办事带来很大的帮助。但是，如果我们想借助这种资源为自己办事，自己就应当有所行动，有所表示。

在办事之前我们一般要亲自到父母朋友家中拜访，紧急情况下也可以打电话向他们求助。但无论采用哪种方式，都应当安排妥善合理。因为父母的老朋友一般都是长辈，与他们交往要注意一定的礼节。

与其他关系网相比，向他们求助也有一定的优势。经验告诉我们一个真理：向专家和领导求教，比向一般人求教更容易；向长者求教，比向你的同龄人求教更有效。因为大多数的专家、领导，在被问及任何意见时，都会有一种责任感和荣誉感。甚至一般的长辈，被年轻人请教时，也非常愿意把自己的人生经验和收获得失与青年一代分享。

因此，要想靠父母的关系网办事，就先安排点时间去拜访"父母的老朋友"吧。平时多去拜访父母的老朋友，多与他们交流沟通，加深感情，关键的时候他们就会拉你一把。即便他们对你求助的事情无能为力，他们也会为你提供有效的建议，给你更多的鼓励和支持。

第九章

应对初识者，让他变成你的朋友

你认识谁决定你是谁。人生之路，拥有一个好的人际关系非常重要，这样做起事可让你左右逢源。而想得到拥有一个好的人际关系，就必须学会结交陌生人，使初识者变为你今后的朋友。

敞开心扉套近乎

关系愈亲密的人愈容易对人敞开心扉。因此，当你有求于人时，一定要记得不失时机地与对方套近乎。

很多时候，初识者双方会有一种距离感，这会让谈话和交往难以顺利地进行。这时你就可以利用一些让两人关系更亲密的人情手段，让彼此之间的距离缩短。

日本前首相中曾根康弘，某次赴美与里根总统会谈时互以昵称代替客套的称谓，两人在亲密友好的气氛中进行会谈，此事一时成为外交界流传的佳话。能够以昵称或名字互称，必须要有相当亲密的关系，否则是很难说出口的。世人绝对不会初次见面就以昵称或名字来称呼，一般必然会附上先生、教授、老师等，待相处久后才会以对方的名字来相称。

从心理学的观点看也是如此，当两人心理上的距离愈来愈靠近时，他们的称呼法也从头衔到姓、到名。接下来的交往就会变得轻松自如了。也有些人虽然见面不久不算是亲密，但若他极欲亲近对方，也不妨以名字或昵称来称呼。

一位教师讲述他自己经历的事："某次有位从前我教过的学生要求我帮他做媒，当时我便问他何以将两人的关系如此快速地进展。他回答说：'某次我与她见面时，她突然直接喊我的名字，使我顿时感到与她的关系是如此的亲近。'而在此之前他们两个只以姓氏互称而已，可见称呼对两人心理上的距离有很大的影响。"

再如，日本前首相佐藤荣作由于出身官僚家庭，因此很难与一般民众接近，所以他始终都在设法让自己更有亲和力。因此他时常对人说："我很喜欢人们叫我阿荣。"这样的称呼就像是好朋友间的绰号、昵称，一下子就拉近了佐藤首相与民众的距离。

因此，与初识者交往时可以不失时机地与对方套近乎。如果一时难以接近，不妨利用称呼的方式拉近你们的距离，而且口吻必须自然，不可让对方感觉你是在装腔作势。两人的距离若是因此而接近，那么以后的交往就肯定会非常顺利。

与人结识须待人无区别心

好的交际应奉行"待人无区别心"。事物是变化的，人的身份与地位也是变化的，如果你只追随热点人物、"有权"的人物，到头来人物沉寂了、下台了，你怎么办？又去追随新的热点人物、有权势的人物，岂不让人家看清你势利的本质？所以，不妨"重视每个人"，真心对待每个人，交际不要太势利或者功利，自然大度，这能显示出你的个人品质，使自己受到别人的尊敬。

（1）善交职衔比你低的人

当一个人和同一家公司的主管与普通职员会面交换名片时，一般都会较珍视主管的名片。由于想要拥有立即可以发挥效用的人际关系，因此目光完全投注于眼前地位最高的人。然而所谓建立人际关系，务必以更长期性的观点进行思考。所谓同辈的普通职员，未来必定不断往前突进。轮到自己将来担当重任时，可以助你一臂之力的正是他们。所以，对待普通职员，不可怠慢。如果只看重人家眼前的职衔，人际关系的建立便会立即受到限制。

因此，如果因为眼前对方职位低下而加以漠视，日后便会形成人际阻碍。等到对方变成重要人物之后，即使如亲兄弟般地予以亲切接待，彼此也绝不可能结成莫逆之交。

看准将来，在对方职衔低微时先行投资，肯定可以获得重大回馈。

（2）吵过架的人可以变成朋友

一般人和初次谋面的对象，大概都会以温和的话题来打发时间。然而某些时候，也有从一开始就产生争论，或彼此发怒，陷入形同吵架的状态。虽然在分手之后有可能感到后悔，"啊，我和对方大概无法交往下去了"，然而事实上，你根本无需为此感到闷闷不乐。一开始就产生激烈争论的对象，反而更有可能与你成为朋友。

年轻人虽然不能随随便便就向人发脾气，但是在遇到重要人物时，不妨抱着年轻人惯常爱找茬的心境与其相处。由于他向来受到一群爱奉承的人包围，所以对能大胆说出内心想法而顶撞自己的人，反而会对其出乎意料地产生好感。

比方说一位独断专行的主管，围绕在其身边的人总是尽量配合他的心情做出反应，几乎没有人敢和他唱反调。因此，一旦你被询问到意见时，只要你另有不同的看法，就应该诚实说出来。即使把持相同意见，也应该在修辞方面下功夫，以争论的方式表达出来。但是，在大胆争论顶撞的情况下，如果不预先估算善后方法，极有可能单纯地以争吵告终。

虽然因为想法不同才顶撞对方，但是反过来说，可以导致争论的原因，是因为彼此共同拥有某项沟通基础的部分。倘若是不投缘的对象，恐怕连架也吵不起来。

（3）愈难缠的对手愈该认真打招呼

打招呼这种事情，一旦错失时机，就会变得不好意思开口。结果，却不得不在那种尴尬的气氛下和对方共事。

愈是自认为难以对付的对手，愈该掌握时机先打招呼。否则，单就没打招呼一件事来说，就可以让你心情低落。想到自己不善应付的人在场时，虽然容易产生尽量不碰面的念头，但可以反过来将立即打招呼当作一种免罪符。

不过，有些不善打招呼的人其实是生性害羞，本性却非常善良。无论和谁都能满不在乎地打招呼的人，事实上有些却是厚颜无耻的。无论是谁，与人打招呼时必定会感到一定程度的紧张。倘若对手又是棘手人物时，紧张的程度愈高。

所以，只要自己好好地先向对方打过招呼，心情自然会变得轻松起来，不可因为自己未获招呼，就立即为此动怒。这是自己的情绪问题。

例如，在进入工作现场时以洪亮的声音打招呼，有时可以因此提升大家的情绪。

此外，打招呼的态度切忌草率。最糟糕的情形是，打招呼时眼光不看对方。虽说打招呼时必须点头，但更重要的是，打招呼时是否与对方目光对接。

（4）救助落魄之人

当某人遭到众人漠视，连原本与他交往密切的人也离弃他时，这时主动向他靠拢的人，会令他心存感激。在落魄之时伸手援助自己的人，是值得与之交往一生的人。

最易凸显这种成功与失败的例子，可以在选举时看到。在获胜的候选人办公室里，素昧平生的人纷纷涌来祝贺，而落选的候选人却无人问津。细细一瞧，甚至在选举期间原本支持失败的候选人的人们，也转而投靠到政敌的面前，这是十分落魄的境地。此时如果有人造访落选人，此人必定大感欣慰。倘若得到来访者一番诚挚的勉励："下次选举一定要好好加油！"他必会重获自信心，不怕挫折，产生往前迈进的奋起心。

在这种情形下建立的关系，不会因为少许挫折即告崩溃。更何况，当时失败的人，未必永远处于失败的境地。倘若希望在对方下回胜利时与其结交，就应该在其失败时伸出援手。

在上班族的世界里，荣枯盛衰亦是常伴之物。既有逐步攀升的人，也有失足没落的人。得意者身旁有大批人包围着，落魄者身旁则无人靠拢。

然而，一度失败的人在某种机缘下再度翻身爬起的例子并不在少数。如果等到对方成功之际才来攀附交情，则为时已晚。这就像股票，在低价时购入高价时抛售便可赚钱一样，在别人落魄时伸出援手，为其帮忙解难的行为，在建立人际关系方面是十分重要的。

（5）越难亲近的人越值得信任

害怕难亲近类型的人是毫无必要的。看起来神情不和悦的人，大多数的情况下，只因其天生个性害羞。他们绝对不是充满恶意的人。比起轻率容易接近的类型，难以亲近的类型中反而好人更多。

虽然他们本身也希望自己平易近人，但是却无法完美地表现出平易近人的气质。而且，由于他们外表看起来冷漠平淡，人人避之惟恐不及。"为什么人家总是远远地躲开我呢？"他们总是怀抱着这种孤独感受。这种孤独感，使他们陷入愈来愈难亲近的处境。

因此，对于这种类型的人，你反而可以怀着大胆闯入的心情来接触。比方说，你不妨鼓起勇气试着接触公司内看起来最令人敬畏的人，对方必定出乎你意料地张开双臂欢迎你。而且，日后成为你信赖对象的，正是这一类型的人。

因此，即使最初必须爬越的墙极高，一旦你和难以亲近的人展开交往后，大都可以成为朋友。相反，在最初阶段墙很低的人，由于内心大都另有一道墙，即使与他可以建立起肤浅的交情，却不容易往下发展彼此间的关系。

应对初识者要投其所好

一次偶然的机会，雪亮与一位优秀的推销员一同去拜访他的一位大客户。没想到，几个人一见面谈的并不是生意，而是美国NBA的乔丹与卡尔·马龙之战。由于跟想象的情景相去甚远，雪亮一时间无法接受。雪亮和这名推销员是老朋友，在多年的交往之中，雪亮从来不知道他对篮球那么感兴趣。

事后雪亮特意问他："我从来不知道你对篮球如此热衷。"

听完雪亮的话，他笑着回答说："相信你也知道，干我们这一行的必须设法迎合顾客的兴趣。说穿了，推销员就像是一条变色龙，必须配合环境改变自己的颜色，以便避开困难，求得生存。因此，一名优秀的推销员必须去了解顾客的兴趣和关心的事项。唯有如此方能取得好业绩。"

雪亮又说："我还是不明白！因为我看你在谈论篮球时神采奕奕，像个大行家。事实上，我知道你对篮球并没有多大兴趣。"

"不是的，现在我对篮球的确是很有兴趣的，这是慢慢培养起来的。您不知道，我对足球也非常擅长，要知道，现在有成就的男性绝大部分是足球迷。"

"事实上，我比较喜欢高尔夫球，但那位客户是十足的篮球迷。所以，去拜访他之前，我一定会先翻翻报纸，了解各队的近况。我所做的，只不过是以讨好的话题去获取对方的心罢了。现在，我们能处得像好朋友似的，就是拜篮球所赐。而我的竞争对手之所以会落败，可能就是因为他从来不看报纸的体育版。"

投其所好定律要求我们在与别人打交道的时候，能够尊重对方的兴趣和爱好，这样更有助于做足对方的人情，建立良好的人际关系，正所谓，酒逢知己千杯少，话不投机半句多。

懂得投其所好往往能带来意想不到的效果，试想，一个和你没有任何共同话题的人，又怎么可能和你继续谈论生意。

有一次，美国大思想家爱默生与独生子欲将牛牵回牛棚，但他们一前一后使尽所有力气，牛依然不肯进去。家中女佣见两个大男人满头大汗，徒劳无功，于是便上前帮忙。她仅拿一些草让牛悠闲地嚼食，并一路喂它，就很顺利就将牛引进了牛棚，剩下两个大男人在那里目瞪口呆。钓鱼时用的鱼饵，不是你所喜欢吃的东西，而是鱼最喜欢吃的食物。当你与客户交谈沟通时，不是你想卖什么，而是他想买什么；不是你想说什么，而是他想听什么。只有"投其所好"，才能把事办好，才能完成任务。

在电视连续剧《宰相刘罗锅》中，文武百官为乾隆皇帝送礼，有的送金银，有的送珍宝，唯刘罗锅送了一桶生姜，而乾隆独独龙颜大悦，赏赐刘罗锅黄马褂一件，穿着煞是风光，似乎白得了面子。

其实，刘罗锅并不是拍马有术，而是深知投其所好的妙处。试想，在乾隆皇帝的眼里，养这么多的官吏，不是为了搜刮天下财宝，而是为了保爱新觉罗氏的江山，独刘罗锅的那"一统(桶)江(姜)山"才体察了皇帝内心的初衷与苦心，这才保全了他的面子，赏赐了刘罗锅。这就是人脉高手善于洞悉、处理人际关系的奥妙所在。

冯先生是深圳一家民营房地产公司的董事长，在他刚刚创业的时候，人们对私营企业普遍存有一定的偏见，这使得冯先生的企业遇到了不少的困难，要想拿到各种批文还有一定的困难，这一点严重制约了公司的发展。他曾经对他的朋友说：

"在多次拜访国土局某局长失败后，我想再这样做，我将永远失败，在研究了人际关系并反复思考后，我想我应该找出对方喜欢的东西，来一个'投其所好'。"

"一天，我又到局长那里拜访。这一次，我学会了观察，我有了新的发现——局长办公座位上方有一幅巨大合影，是局长同余秋雨先生坐在沙发上交谈时候的合影。"

"孙局，我一直想请余秋雨先生帮我签个名，但从未如愿，我听说，您跟余先生关系非常好，您怎么会跟他那么'铁'？"

"这一问有'立竿见影'的效果，孙局长的脸色马上变了。"

"这也没有什么了，我本人很喜欢文学，很多年前，余秋雨还没有成名前，我们就是朋友……"

冯先生还"小心翼翼"、"轻描淡写"地向孙局长提起自己与王蒙先生有很深交情，超过他的预想，孙局长马上说：

"有时间，你请他到深圳来，我来请客。"

孙局长一下子变得热情起来，他们有了共同的话题，足足谈了两个小时。离开时，冯先生带走了已批过的申请报告和局长对他工作予以更多支持的承诺。

现在，虽然孙局长早已经退休了，但他们之间的交情仍在，依然是很要好的朋友。

在很久以前，在基督降生百年以前，著名的罗马诗人西罗斯就说过："当别人对我们产生兴趣时，我们就对别人产生兴趣。"所以，如果你要影响他人，赢得朋友，就应该学会投其所好，谈论他人最感兴趣的话题。

事情和解决方法总有一个好的切入点，使用蛮劲，只会适得其反，自己也会觉得累。多沟通，多思考，找到投其所好的切入点，才是最好的解决方法。

对对方要敬重

要与初识者结交成为朋友，就必须对他人产生有效的影响力。最有把握的一个方法，就是设法让对方明白，你从心里对他敬重。这是对初识者做足人情的一个有效武器。

不懂敬重而伤害别人的自尊，无疑是人际纠纷和矛盾产生的最主要原因。威尔逊总统最后之所以在事业上遭到惨重的失败，归因于犯下了两个不可饶恕的错误，从而无可挽回地挫伤了支持者们的自尊心，使他们倒向了自己的对立面。

1918年11月，第一次世界大战的休战条约在威尔逊总统的主持下签署了，他也因此成为世界瞩目的伟大领袖。国内的共和党和民主党一致支持和拥护他，而国际上，他倡议下的国际联盟正在积极地筹备，美国在其中扮演领导角色似乎只是个时间问题。

然而，就在休战条约签署前几日，威尔逊犯下了第一个大错：个人声望急剧膨胀的他，头脑发热，准备滥用民众的信任。他签发了一封愚蠢的信，要求在议会席位的选举中，选民只能投民主党议员的票。这极大地打击了那些忠诚地拥护他的共和党人，也给了想要攻击他的人以口实。结果，他的这道命令反而使共和党在上议院中获得了多数席位。紧接着，威尔逊又犯下了第二个致命的错误：他不听从朋友的劝告，在战后和平委员会里没有安排哪怕是一个上议院的议员，以及有号召力的共和党人。

威尔逊的做法，不仅激怒了统治上议院的共和党，连许多上议院里的民主党议员都开始反对他了。要知道，上议院有着非常大的权限，威尔逊希望通过的条约必须经过上议院的批准才能生效。威尔逊差不多是自己点燃了一把使自己崩溃的烈火。当威尔逊得意扬扬地从巴黎和会回来的时候，暴怒的敌人早已在那里恭候他了。他组织的国际联盟被否决，美国宣布退出国联；他主持签署的《凡尔赛和约》同样惨遭否决。

转瞬之间，威尔逊苦心经营的事业毁于一旦，而他的事业，竟完全毁在自己所制造出来的敌人手中。威尔逊犯下了任何一个领袖人物都应当避免的致命错误，那就是伤害别人的自尊心。

威尔逊的失败说明他不是一位称职的领袖。伟大的领袖人物之所以能够拥有巨大的权力，使千百万人都成为他忠心的效命者，大都是因为他能够使别人感觉到他们自身的重要性。

由此可见，伤害了朋友们的"自尊心"，足以使朋友反目成仇。那么，如果满足了对方的"自尊心"，又会怎么样呢？布吉斯说过这样一件关于美国总统麦金利的趣事。在美国与西班牙的战争爆发之前，他在华盛顿的宾夕法尼亚街上碰到了一位著名的国会议员。那位议员刚从白宫出来，迈着大步，帽子稍微向左边斜了一点，很欢快地挥着手杖，脸上带着温和的微笑。布吉斯上前向他打了个招呼："今天你似乎很高兴。"议员神采飞扬地说："不错，朋友，确实如此。我刚才在白宫里见到总统了。他用手臂勾着我的肩膀对我说道：'老兄，这次要打胜仗，全得靠你的帮忙了。'你看，他还要仰仗我呢！不错，我从前曾经在许多事情上反对过他，但是现在，我要拥护他了。"

布吉斯说："和他聊了几句后我们就分手了。我心里对麦金利总统结交朋友的本领真是无比佩服。我知道总统同样还'仰仗'着别人，也取得了同样的效果，这使得大家一起帮助他获得了很多的胜利。"

确实，很少有人能比麦金利总统更懂得如何去获得别人的友谊与合作了。下面是敬重或尊重他人的方法：

（1）诚恳地请教他人，无疑是对他们最好的恭维

应该注意到，当你请一个人贡献他们的意见的时候，这个人一定会很容易对你产生好感，这就是使别人感觉到自己具有重要性的最简单的方法。我们不需要像政治家那样，不厌其烦地将这种礼仪不断地表示给我们所希望合作的人，日常

生活中，就对方感兴趣的问题向他请教，并与之共同商量解决的办法，就能很容易获得他人的好感了。

当实业界大亨法夸尔还是个刚刚从乡下来的名不见经传的青年的时候，他就是应用了这种策略，获得了与当时纽约最有势力的人物见面的机会。

首先，法夸尔想方设法进入了雅各布·阿斯特的办公室。对这位鼎鼎有名的人物，他只说了这样一句话："我想请教您一下，如何才能成为像您一样的百万富翁呢？"

这句话听起来似乎不着边际，但体现的是法夸尔对人性敏锐的洞察力，他明白，什么样的话能体现"敬重"。果然，阿斯特听了此话之后，又诧异又高兴，不仅耐心地和他聊了起来，还把他介绍给当时许多的著名人物，如菲什、斯图尔特、贝内特等。靠着这种洞察力，法夸尔最终也成为了百万富翁俱乐部中的一员。

很多有才干的人都会采取类似法夸尔的策略。我们常常可以看到，他们会就一些问题很诚恳地向别人请教，询问他们的意见，夸奖他们的才智，使他们真正感觉到受到了恭维。

"即使是一个外行，当他来向你提出一个建议的时候，哪怕这是一个很不中用的建议，也得鼓励他几句。"这是约翰·沃纳梅克关于对待职员的著名格言中的一条。在确保他手下职员的忠诚和热心方面，这确实不失为一种最有效的方法。

那些聪明的人，都会想办法让别人觉得他很愿意听取他们的意见，并按照他们的意见来行事。只要有可能，他们更愿意使自己的计划看起来似乎就是别人提出来的，而丝毫不会表示这些意见其实就是他自己的。

（2）向他人表达诚挚的欢迎

还有一个比上述策略更为简单的，能让别人的自尊心得到满足的方法，然而，它却常常被我们忽略，那就是向别人表示诚挚的欢迎。

生活中，对于那些见到我们就会表现出发自内心高兴的情感的人，我们该对他感到多么亲切啊!反之，如果对方以一种淡漠、随便的态度来招呼我们，又怎能不令我们感到失望、无趣呢？然而就是我们自己，在和别人相遇时，不也常常会忽略向别人表达出我们的喜悦之情吗？

　　早在伏克兰的事业刚刚开始时，他就发现了这种策略的神奇效果。当他还是一个年轻的车床工时，他在一次纠纷中败诉，法庭裁决他必须偿还四万美元的债务。当他沮丧地离开时，一个名叫希林的犹太衣料商主动找到他，提出为他偿付这笔为数不小的债务。喜出望外的伏克兰自然答应了，但他感到不可思议的是，这个人与他的关系仅仅只是认识而已。于是，伏克兰便问他肯帮助自己的原因。希林的理由很简单，他说，这只不过因为伏克兰是整个城里，在街上愿意主动与他很亲热地打招呼的几个人中的一个。

　　无论我们用什么方法去让人家感到他自己的重要性，根本的道理其实都是一样的：表示我们对他们的在意，对他们的事情真正感兴趣。

　　其实很多时候，一些更为简单的、非常自然的小举动，比如一个诚挚的招呼、一次会心的微笑，或者只是使人家知道你信任、欣赏他们，就足以使他们的好感完全倾向于自己。

利用相悦定律赢得对方好感

世界上最了不起的卖车人乔·杰拉德成功的秘诀就是让顾客喜欢他。为了博得顾客的喜爱，他会去做一些看上去完全是费力不讨好的事。比如，每个月他都会给他的1.3万名顾客每人送去一张问候的卡片。卡片的内容随季节而变化：新年快乐、情人节快乐、感恩节快乐，等等，但卡片的封面上写的永远是同一句话："我喜欢你。"用乔自己的话来说，"卡片上除此之外就没有什么别的东西了，我只是想告诉他们我喜欢他们。"

"我喜欢你。"这句简单的话每年都会像时钟一样准时地出现在1.3万人的信箱中12次。正是这种看似不可思议的方法，帮助乔的收入每年都超过20万加元，创造出连续12年都是"销售第一"的奇迹——平均每一个工作日都会卖掉5辆车，被吉尼斯世界纪录称为"世界上最了不起的卖车人"。结果的确有些难以置信，一句那么缺乏个性的话，让人听起来就知道是推销员的一种推销术，却为何如此有效？原因乔·杰拉德一定很清楚，并且深信不疑，那就是"喜欢引起喜欢"的相悦定律在起作用。

相悦定律是人际间在感情上的相互接纳和相互肯定。希望得到他人对自己的良好评价和承认，从而获得社会交往和自尊的满足，是人们较高层次的心理需要。对方对自己的友好态度可以使我们产生愉悦的感情，自己也会以相应的友好态度回报对方，于是便使彼此双方的吸引得到强化。人们在感情上的交流也是等值的，你敬我，我也敬你。在其他因素相同的条件下，一个喜欢我们的人，我们也同样喜欢他。而对那些厌恶我们的人，我们也同样厌恶他。

人与人在感情上的融洽和相互喜欢，可以强化人际间的相互吸引。在人际吸引中感情起着重要作用，人与人的感情来自相互交往过程中所获得愉悦的内心体验。人们喜欢那些能够给自己带来愉悦的人。如果对方能够给自己带来愉悦，就会有一种力量驱动自己去接近他。但是，在自己接近对方的过程中，对方并不喜欢自己，仅仅是自作多情，那么，与对方交往的愿望便会冷淡下来。人们喜欢对方，也希望对方喜欢自己。

演员麦克林·斯蒂文森有一次谈起他和太太结婚的经历，他开玩笑说，他是被他太太"哄"到手的——"她说她喜欢我。"这当然是一句玩笑话，却很好地揭示了相悦定律。仅仅是得知别人喜欢自己，就能使自己对别人产生好感，从而为促使我们答应别人的请求注射了一剂多么强的催化剂。在现实生活中，当人们奉承我们或是向我们表示亲近时，很多时候也就是他们有求于我们的时候。

了解了这一定律，可以指导我们做好日常交际中的人情。一方面，我们用友善的态度对人，不要轻易说不好听的话，随随便便当面指责他人的缺点，这样才能取得别人更多的信任与喜爱。另一方面，我们在交往中要保持相对的理性，不要一味地受到相悦定律的驱动，只和对我们说好话的人交往，甚至落到奉承的陷阱里。

春秋时期，齐桓公最得力的宰相管仲不幸得了重病，齐桓公前往探视。管仲望着齐桓公欲言又止。齐桓公问道："你的病看来不轻，要好好休养，不必为国事烦忧，如果有什么不放心的事，就请说出来。"

管仲见齐桓公态度诚恳，便忧心忡忡地说："好吧，既然主公愿意听，我就把自己的担忧说出来。"

齐桓公问道："仲父，不知你为什么如此担忧？"

管仲说："但求主公今后不要重用易牙、竖刁、常之巫、公子启方几个人，最好让他们远离您的身边。"齐桓公说："这我就不懂了，像易牙这样的人连自己的孩子都肯煮了给我吃；像竖刁这样的人为了在我身边侍奉，宁可自阉当太监；而常之巫有测生死祸福的能力，可以帮助我逢凶化吉；至于公子启方多年追随我，连父亲病故都不肯离开我去奔丧。这些人如此忠心耿耿，怎么用得着去提防呢？"

管仲轻轻地叹了一口气，说："主公仔细想一想就会明白：一个人连自己的亲骨肉都能不爱怜，都肯杀死，难道他不会杀主公吗？一个人连自己的身体都肯残害，难道他不会去残害主公您吗？一个人的吉凶祸福是和他本人做人的根本联系在一起的，只要好好修炼自己的德行，自然会善始善终，不是靠外力所能改变的。所以，我只求主公看在国家社稷的份上，三思而行!"

齐桓公对管仲的人品是很信服的，管仲死后，齐桓公按照管仲生前所提醒的，把易牙、竖刁、常之巫、公子启方等打发出宫。

易牙等人出宫以后，齐桓公却觉得心里一下子空落落的，饭吃不香，觉睡不好，好不容易熬过3年，还是把易牙等人找了回来。

第二年，齐桓公卧病在床，易牙等人便大肆活动，放出谣言，说齐桓公已不在人世。然后封锁宫廷与外界的联系，不准任何人给齐桓公送吃的东西，齐桓公悲叹道："都怪我没听管仲的话啊!"

事实上，齐桓公并非没有不听管仲的话，他已经听从管仲的劝告将不可留在身边的易牙、竖刁、常之巫、公子启方打发出宫。只不过，他后来变卦了——他的变卦，不是因为他仍然坚信易牙的大义灭亲、竖刁的忠心耿耿、常之巫的逢凶化吉能力、公子启方的一心不二，只不过是因为少了这些人后，他内心产生了巨大的孤独感与失落感，这种情绪甚至影响到他的日常起居，并且久久不散。正是这种驱逐孤独的强烈需要使他忘记了管仲的警告。

齐桓公的表现在我们看来，或许有些难以理解，但是从心理学角度看，却是人际吸引的相悦定律作用的结果。

齐桓公没有清楚地认识到人际间的相悦定律，从而葬送了自己的江山社稷。易牙、竖刁、常之巫、公子启方几人虽说是如假包换的小人，但他们为了图谋不轨，表现得对齐桓公忠心耿耿——也可以说是一种喜欢的方式。这种忠心不仅让齐桓公大为感动，并且使他的内心产生强烈的愉悦感以及对几人的喜爱。实际上，齐桓公是被相悦定律所"利用"的。

在中国历史上，唐初宰相魏征以敢于向皇帝直言进谏著称。不管什么时候，只要唐太宗有不对的地方，魏征就会据理力争，进行劝说，即使唐太宗因此而大发脾气，他也毫不畏惧，照旧慷慨陈词。

唐太宗对魏征是既赏识又敬畏。魏征病逝后，唐太宗悲伤地说："一个人用铜做镜子，可以照见衣帽是不是穿戴得端正；用历史作镜子，可以知道国家兴亡的原因；用人作镜子，可以发现自己做得对与不对。现在魏征死了，我失去了最珍贵的一面镜子。"

魏征虽然屡次直言进谏，在一般人看来，肯定会对这种人产生排斥的心理，但是唐太宗却并没有局限在狭隘的相悦定律里，因为他"忠言逆耳"的理智已经超过了人际间的相悦定律。

在人际交往中，我们要对相悦定律有一个全面的认识，不要只和自己喜欢的人交往，要知道，在那些我们不太喜欢的人中，可能也有许多良师益友。并且，有些人我们一开始觉得不喜欢，但随着交往时间的推移，我们也会对那些原本不喜欢的人改变看法。

让对方感受到你对他的兴趣

在和初识者开始交往时，要表现出对别人的兴趣，这是你做足初识者人情的有效手段。这样做有两个好处：第一，让对方感到你对他的关注，使他的自尊得到满足，从而增强对你的信任感，便于交流；第二，对他人感兴趣，能够比较全面地了解对方的情况，使你在和对方交流的时候能够迅速抓住话题，引起对方的兴趣。

不对他人感兴趣，怎么知道别人的长处与优点呢？自负的人以为自己是这个世界上最聪明的人，所以对他人不屑一顾。这种人很难得到更多的朋友，别人在第一次和他交往之后，就丧失了对他的兴趣。所以，这种人也很难做成大事。

每个人都觉得自己很重要，每个人都希望被看重。如果对方感觉到你对他的事情表示关注，那他就会认为他在你心中已经有了位置。被别人关注的感觉真的很好，如果第一次和别人交往就被关注，就会极大地满足自己的自尊心。无疑，他对你的好感就会更加强烈。既然对别人表示关注如此重要，如果你和陌生人打交道的时候，给予别人关注，让别人感觉到你对他的兴趣，那会对你的人际关系有很大的帮助。

华哲斯顿的魔术风靡世界，他曾经为世界各地的600万名观众演出，他被公认为魔术师中的魔术师。有人问他成功的秘诀，他说，其实他懂得的魔术手法跟其他的同行一样多，但他有两样特殊的东西：一是他能在舞台上展示出自己的个性；二是他对观众永远保持浓厚的兴趣。

许多魔术师会对观众不屑一顾，认为观众只是傻子，略施小技就可以把他们骗得晕头转向。但是华哲斯顿上台前总对自己这么说："我很感激，这么多人来看我的表演，是他们给我提供了一种我所喜欢的生活。我要用最大的热情、最高明的手法来满足他们的期望。"

正是由于华哲斯顿对观众感兴趣，才赢得了观众的共鸣，才会让这个并不比其他魔术师多会多少魔术的他有了如此的荣誉。这就是有史以来最受观众欢迎的魔术师的成功秘诀。由此可见，对别人感兴趣是多么重要！

有些人觉得自己很重要，却忘了别人也需要这种感觉。在和陌生人交流的时候，他们在不经意间流露出对别人的轻视，对别人的事情不关心，于是受到别人的疏远。

只有使别人觉得你对他很感兴趣，他认为他在你心里很重要，或者有价值，他才会感激你、欢迎你。你以怎样的态度对待别人，别人也会以怎样的态度对待你。

初次和别人见面，要对别人的事情表示出发自内心的兴趣，在别人谈有关他自己的事情时，要认真倾听，并不时提出问题，表示你已经投入进去。

关心对方关心的事，比如他的利益、他的健康、他的家人、他的工作等等，你只要对这些表现出足够的关心，他就会把你当成自己人。相反，如果你轻视他，你就不会把他放在心上，对他的一切都漠不关心。

当别人作完自我介绍时，你可以在他的名字上表现出你的兴趣。比如，你可以重复他的名字，并夸这个名字很好听，或者很少有人会有这样的名字，很有品位等等；或者，你可以再具体问对方他名字的写法，以示你对他的重视。这样一来，你会迅速赢得别人的好感。

和陌生人交往，只有对对方感兴趣你才会去了解他，只有了解了对方，你才能做出正确的判断，这有利于你去识人。如果你对别人不感兴趣，就不会了解对方，也不可能与其相处好。这样一来，你就会失去很多机会。"识人才能用人"。当你通过对陌生人的了解之后，发现他是一个很值得信任的人，那就可以继续和他交往，甚至成为朋友；有的人不能做朋友，但可以一块做生意；有的人则是不可与其交往的，因为你通过了解，发现他做人上有问题。

有不少人在初次和别人交往时，都错误地想方设法只想使别人对他们感兴趣，甚至完全忽略他人，这种做法只能使人反感，给你的交际带来障碍。要使别人对你感兴趣吗？那你首先要对他人感兴趣。如果我们老是在别人面前表现自己，只想别人对我们感兴趣，我们将永远不会有许多朋友。只有对陌生人感兴趣，你才能做到进一步了解他，才能迅速赢得别人对你的好感和兴趣，这是你扩大自己交际圈子的有效手段。

打造高度的亲和力

和初识者打交道，需要你有高度的亲和力，这样方可让你做足人情，与他建立良好的关系，为以后进一步的发展建立良好的基础。

现实中，很多人的苦恼正是因为缺乏良好的亲和力。有这么几个例子就很好地说明了这一点。

张总是一家大型企业的负责人，他最近经常头疼。因为他发现下属越来越难以管理了，朋友建议他学习人际交往的艺术，于是张总报名参加了学习人际交往的培训班。就这样，张总放弃了和家人团聚的机会，积极地参加培训，学习了许多人际沟通的方法和技巧。可是一回到单位，面对下属，那些具体的问题又出来了，他的那位女下属对他说话还是那样冲，他一听到她说话，还是忍不住想发火，他真的觉得有些控制不住自己；

刘爽见了谁都很客气，总是很礼貌地同别人寒暄几句，开始时，他的同事很喜欢他的礼貌，可是时间一久，他发现自己并不能够深入地和人交流。他觉得自己和别人总是隔着一层，而他的同事也是以同样的礼貌回敬他，渐渐地，他觉得自己和同事的距离越来越远了。他真的觉得很累，他不明白，为什么坐在他旁边的同事小王为人大大咧咧，有时还对人发脾气，却反而有那么多知心朋友？刘爽觉得自己是全部按照人际交往的规范来执行的，怎么会这样呢？

李小姐有点像"工作狂"，尤其最近。整天忙于工作，压力很大，好不容易和朋友见上一面，但聊天的内容却全是工作，朋友听着都头疼。回到家里，面对家人，她满脑子想的还是工作。李小姐到现在发现自己的思维内容非常狭窄，除了工作还是工作，头脑里没有一点其他的东西。等到一上班，她才发现自己特别爱发脾气，明明见着客户应有礼貌，可是一见到客户，她说话就带着烦躁的语气，弄得最近客户的投诉率也接连不断。

像张总、刘爽、李小姐这样的人，我们在生活中经常可以碰到，他们正在为自己在人际交往中缺乏亲和力而烦恼。具有良好的人际沟通和亲和力是我们每个人都梦寐以求的，良好的人际沟通和亲和力能给我们带来种种好处，不仅使我们获得更多的友情，感受到人与人之间的关爱和温暖，还可以使我们获得很好的人情效应，让我们拥有意想不到的好运气。

你可以通过以下几个方面来打造你的亲和力：

1. 主动攀谈，求得他人认可

言为心声，只有用语言与别人交谈，别人才能更好地认识你，你也才能更好地认识别人。以交谈的方式与别人沟通，可促进和深化交往。

2. 善意疏导，去除他人误解

人与人之间出现矛盾、磨擦是正常的，关键是要多沟通，说开了彼此之间就会取得理解，逐步磨合，再走向和谐。尤其是一些不必要的矛盾，只要稍作一点解释，就会弄清事实，澄清是非，让双方化干戈为玉帛。

3. 随和解释，赢得他人佩服

要想取得对方的信任以利于沟通，就要注意在言谈举止方面大方自然一点，不要清高自傲、孤芳自赏，该坦率、直露的地方绝不含糊其辞。只有多向人坦白你，别人才能相信你，从而向你多坦白他自己，达到双方的有效沟通。

4. 大度宽容，善待他人不足

与人方便，与己方便，这说明利益是互惠的，即只有善待他人，他人才能善待你。彼此之间通过包涵和谅解就能进一步加强联系和沟通。这就要求我们在交往中，适当谅解和善待对方的缺点和不足，通过交谈和解释等方式向对方表示自己的好感，以了解和亲和对方。所以说，当别人有了不足，特别是有损自己利益时，得饶人处且饶人，这样才会博得别人的敬重。

真诚对人，才能收获"芳心"

《职业妇女》杂志主编波维琪曾经在《新闻周刊》工作了二十五年。她是以秘书受雇，后来升任为研究员，最后荣膺《新闻周刊》第一位女性资深编辑。这个职位表示她必须督导作家与编辑，而他们以前曾经是她的主管。波维琪回忆道："事情发生了有趣的逆转。"

其实，大部分的同事对她的晋升都相当认同，只有一位编辑不以为然。波维琪说："那位编辑从开始就无法接受这个安排，倒不是因为讨厌我，而是因为他认为我得到这个职位凭的只是性别，而非真才实学。我是从别人那儿听说他的想法，当着我的面，他什么都没表示过。"

波维琪尽量保持平静，她让自己尽快进入新角色。她协助提供故事的新点子，她经常与作家们交谈，她对辖下的六个部门——医药、媒体、电视、宗教、生活方式与概念都表现出真正的兴趣。

波维琪晋升后六个月左右，有一天，这位编辑走进她的办公室坐在她对面的椅子上，对她说："我得告诉你，当初我对你的晋升很不以为然，我觉得你太年轻、经验不足，只因为是女性就得到了这个职位。但是，现在我想告诉你，我真的很敬佩你对工作的浓厚兴趣，以及你对作家们与编辑们的真诚关切。在你以前的四位资深编辑，我对他们只有一个印象，那就是他们只把这个职位当做跳板，没有一位真正关切这份工作。而你却完全不同，你是真正对这份工作感兴趣，并且对每个人感兴趣的。"

毫无疑问，波维琪把她多年培养起来的管理风格带到她在《职业妇女》杂志的新职务上。她说道："你应该认真对待每一个人，绝对不能拒人于千里之外，而且必须经常与他们接触。我常常走动，以便与同仁交谈。我们有一套聚会系统，因此，每一位同仁都知道某一天的某个时间，会有机会与我单独谈话。他们一定会有机会、有时间说想说的话。我对他们的所作所为很感兴趣，我对他们的工作感兴趣，我对他们这个人本身更感兴趣。"

对他人表示真诚——只有这样才能令别人对你感兴趣。人们只有在别人的真诚关切下才会有所回应。

总之，真诚地关心他人，没有比这更有效、更有价值的了。只有你真心待人，才可以获取更多人情，拥有更多朋友，你也会因此得到更多回报。

多聊契合点才能成为朋友

世界上没有两个一模一样的人，同样，也没有在性格、思想、能力上完全一样的人。在和别人打交道的时候，我们更多的时候是去面对别人与众不同的特点，有时甚至是缺点，所以，找到别人和自己的契合点非常重要。

和谐的关系是懂得彼此的差异性并力求互补的结果。对自己身上所不具备的东西感兴趣，这是人的本性。一起玩得特好的朋友，也常常是彼此互补的人。

民国时期的国学大师黄侃留学日本时，结识了刘师培，两人相与筹谋革命，相互学习，交往日深，成为知己。

辛亥革命后，袁世凯想恢复帝制，便四处拉拢社会名流，他找到黄侃，并赠洋3000元和一枚一等金质嘉禾勋章，想让黄侃为他写《劝进书》。黄侃拿了袁世凯的赏钱，却并不做事，整天四处游玩，并将那枚勋章挂在一只黑猫的脖子上。而刘师培竟经不住富贵利禄的引诱，先变为密探，后来成了"筹安会"六君子之一。

刘师培有一次劝黄侃支持帝制，黄侃声色俱厉地说："如此等事，请先生一身任之。"然后拂袖而去，在座的其他人也跟着黄侃一哄而散，弄得刘师培狼狈不堪。

1917年，黄侃与刘师培再次在北京相遇。此时的刘师培因参加"筹安会"，正处于穷困潦倒之际。黄侃便到蔡元培那里，推荐刘师培在北京大学授课，解决了刘的生计问题。

两年以后，重病在身的刘师培，因怕自己平生所学失传而焦心。黄侃安慰道："君今能在北大授课，就别再为羌按续而发愁了。"刘凄然说："那些人都没有能力担当此任！"黄侃禁不住问："那谁能担当呢？"刘师培说："唯君足以担当此任！"黄侃正色道："如果真是那样，刘先生不弃，侃愿执经受业。"

第二天，黄侃叫妹夫预订上好酒席一桌，将仅年长两岁的刘师培请至上席，叩头行拜师大礼，从此对刘师培改称老师。黄侃还对妹夫说："《三礼》为刘氏家学，今刘肺病将死，不这样做就不能继承绝学。"

数月后，36岁的刘师培终因肺病不治而早逝。黄侃以弟子之名亲撰《先师刘君小祥会奠文》以示哀悼。小学是经学的工具，而经学又是小学的材料。作为小学大家的黄侃如此重视经学，令人赞叹不已。他拜朋友为师，也成为士林佳话。

黄侃就是能够找到和朋友的契合点的人。在刘师培成为"筹安会"六君子之后，仍然和他来往，并在最后，为不使刘的绝学失传，毅然改朋称师。虽然在政治上，两人观点鲜明，截然不同，但正是两人对国学的热爱才使他们一直都保持着很好的关系。

所以，在我们和别人相处的时候，不要只看到别人与自己的分歧，应该多看到朋友的优点，找到彼此都相互接受的地方，相互学习，来扩大自己的"面积"或者"容量"。这是一个相互磨合互补的过程。

哈维·麦凯，如今拥有价值数百万美元的有限公司。可他大学刚毕业的时候，却十分迷恋高尔夫球，想成为一名职业高尔夫球手，但遭到了父亲的强烈反对。父亲为了让他彻底放弃高尔夫球，做一些实实在在的事，经常安排儿子和一些已取得了巨大成就的企业家们接触。父亲很清楚儿子是个英雄崇拜者，这些"英雄"们一定会对他产生影响。

有一次，哈维·麦凯刚刚迈进汉姆弗利的办公室，这位职业政客就从椅子上跳起来，热情地说："哈维，亲爱的，一位很好的高尔夫球手，真美慕你。我多想也能有你这种天分。"说着他把哈维拉到了窗前，指着白宫的方向继续说："艾森豪威尔就是一个出色的高尔夫球手，说不定现在这位总统正在他办公室的地毯上练习高尔夫呢。努力吧，哈维，你也会成为一个总统的。"

哈维清楚地知道，这位政客把他当作了工作的对象——一位即将成为选民的青年。只几分钟时间，这位老练的政客就征服了他的对手，使哈维成了他的朋友、竞选支持者和资助者。对方找到了他需要的一面，而哈维也得到了他的一面：他决心要学汉姆弗利的精神，照着他的长处去做事，果然长进很大，走向了成功。

所以，与所有人相处都可以找到让自己学习的一面，也就是说能结合到你看好的那一面。要尽最大的努力去了解和你相处的人们，这样你才能找到你和他们的契合点。找到以后，就尽量在这个契合点上多做接触，对于那些你们有分歧的地方，就可以尽量避开，这样你的朋友就会一个一个地多起来，你在人群中也会逐渐变得受欢迎。

第十章

应对领导，把握好机会

　　下属的命运在很大程度上都是由其上司来决定的，因为在一个单位或公司内部，各种资源和机会都掌握在领导或上司手中，而正是这些资源和机会关系着你的升迁，关系着你是前程似锦还是怀才不遇。因此，我们必须学会从上司手里获得那些资源与机会，获得上司的器重，让自己的前途变得更加美好。

善于维护上司的尊严

上司的面子和尊严非常重要，根本原因在于他们与领导的能力、水平、权威性密切挂钩。因此，如果我们想做足上司的人情，我们必须积极维护上司的面子和尊严，不然的话，我们就会得罪领导，这样就可能导致不幸，影响你的进步和发展。下面是一些维护上司面子和尊严的秘诀。

第一，领导理亏时，给他留个台阶下。常言道：得饶人处且饶人，退一步海阔天空。对领导更应这样。领导并不总是正确的，但领导又都希望自己正确。所以没有必要凡事都与领导争个孰是孰非，得饶人处且饶人，给领导个台阶下，维护领导的面子。

第二，领导有错时，不要当众纠正。如果错误不明显、不关大局，其他人也没发现，不妨"装聋作哑"。如果领导的错误明显，确有纠正的必要，最好寻找一种能使领导意识到而不让其他人发现的方式纠正，让人感觉领导自己发现了错误而不是下属指出的，一个眼神、一个手势甚至一声咳嗽都可能解决问题。如果领导的错误很大而下属无动于衷，事后领导就可能迁怒于下属。某市市长在人大、政协开幕式讲话时，把"开幕式"误说成"闭幕式"，秘书没有想办法立即纠正，结果市长自己也没意识到，参加会议的其他人哄堂大笑，市长还以为讲得不错，从此这个关于市长的典故几乎家喻户晓，市长在百姓中的名誉越来越坏。市长知悉后对手下大发雷霆，几个人还被调离了身边，教训很深刻。

第三，不冲撞领导的喜好和忌讳。喜好和忌讳是多年养成的心理和习惯，有些人就不尊重领导的这些方面。我经常碰到一位处长躲在厕所抽烟，经了解得知，这位处长手下有四个女下属，她们一致反对处长在办公室抽烟，结果处长无处藏身，只好躲到厕所里过把烟瘾。他的心里当然不舒服，不到一年，四个女下属换走了三个。

第四，"百保不如一争"。会来事的下属并不是消极地给领导保留面子，而是在一些关键时刻、"露脸"的时刻给领导争面子，给领导锦上添花，多增光彩，取得领导的赏识。一次，若干单位在北京十渡风景区举行联席会议，会后大家都去观看"蹦极跳"，从50米的高空俯冲而下，没有相当的胆量和勇气是不敢跳的。于是有人提出谁敢站出来跳一下试试，没有人敢试这个锋芒。此时，某处三位年轻的女同志赶来提出试试，处长很得意地大声批准了，随着人们一阵阵惊呼，三个女同志凌空而下，处长的欢呼声更是格外高昂。其他单位领导得知后，纷纷来向这位处长祝贺，赞道，"看不出这三个小姐竟有如此神勇。强将手下无弱兵，有这么几个胆大勇为的下属，你不愁工作做不好了!"处长闻言心花怒放，心里美滋滋的，三位小姐真是在关键场合给他争了面子。

第五，藏匿锋芒，不让领导感到不如你。多数领导面对下属时都希望有多方面的优势，然而事实却经常与他开玩笑，工作中他会时时发现下属在某些方面有杰出表现，甚至超过自己。为了不伤领导的面子，明智的下属应该尽力收敛锋芒，尽力不刺激领导那固执的自尊。宋徽宗写得一手好字，常自鸣得意地询问大臣："我的字怎么样?"大臣们异口同声地恭维："圣上的字好，天下第一。"有一天，宋徽宗召来大书法家米芾，问："米爱卿，朕的字你看如何?"米芾知道徽宗的书法不如自己，但又不好当着皇帝的面说明事实，怕刺伤他的自尊心，便灵机一动答道："臣以为，在皇帝中，圣上的字天下第一；在臣民中，则徽臣的字天下第一。"徽宗听后很高兴，夸赞米芾答得妙。米芾的书法超过宋徽宗这是事实，为了维护皇帝的面子，他巧妙地采用了"分类"的技巧，不把两个人直接比较，而是分成两类，从而避开了直接比较的危险，并且显得合情合理，不卑不亢，没有一点拍马奉承的痕迹，的确值得借鉴。

第六，进谏时要讲究智慧。上司，意味着权力、尊严。每个人都有自尊，领导者更多一层光环。我们在公开场合特别要照顾上司的尊严。在上司眼里，如果自己的下属在公开场合使自己下不了台，丢了面子，那么这个下属肯定是对自己抱有敌意和成见，甚至有可能是有组织、有预谋地公开发难。正如一位心理学家所说的那样："人们都喜欢喜欢他的人，人们都不喜欢不喜欢他的人。"这样，在公开场合不给上司面子的结果便是，上司要给与以牙还牙的还击，通过行使权威来找回面子，要么便怀恨在心，以秋后算账的方式慢慢报复。这种结果，自然是下属在提出批评和意见时所不愿看到的，也违背了他的初衷。上司十分注意自己在公开场合的面子，特别是在其他上司和众多下属在场的时候，这绝不仅仅是因为文化的潜意识在起作用，更是在于上司从行使权力的角度出发，维护自己权威的需要。这种需要应受到公开的检验而变得更加强烈甚至不可或缺。我们给上司尊严，是在明是非的情况下，并且可以用智慧去很好地进谏。每个人都会犯错误的，每个人也都要有自己的自尊心，有些问题可以不必采用直接批评的方法，相反，采用间接的方法来指出问题，有时效果会更好。其实，上司也是很普通的人，通过一定的办法去表达自己的反对意见，并力求使上司改变主张，仍然是十分奏效的方法。

善于维护领导的形象

要想做足领导的人情，必须要有处处维护老板的心。一位人品敦厚的职员，如果太老实，不晓得从维护领导的角度去做事，是很可惜的。

曾经有一个例子，说的是一位员工陪远道来访的客人到公司来开会，客人早到了10多分钟，老板无法接待，因为这10分钟正好老板有机会赶出一篇稿子来，传真到报馆去，得以脱稿。这种特殊苦衷，除了写专栏的人之外，是不容易被人了解的。如果老板的那位下属能在处事时考虑到维护老板的利益，不让客人误会的话，他应该得体而细心地对客人解释老板必须分秒必争的情况，争取客人的谅解。

可是，那位员工实话实说道："梁小姐不喜欢人早到，她没有空招待，请稍后到约定时间见面吧!"这位员工除了品性直率外，主要是没有处处维护老板的心理准备。应该说只要涉及老板和公事，就以保护他的利益和形象为大前提，必然会处事玲珑恰当，深受老板赏识。事实上，没有一个老板不需要身边多几个维护自己的人的。

有位领导，他的顶头上司来听他汇报工作，在一个坐了100多人的会议室里，领导拿着汇报材料念。有名秘书手中有一份同样的材料，他在下面发现装订员将材料最后3页的顺序搞错了。稍后，他走到领导身边，借给领导倒茶之机，实施了"调包计"，并递上一张字条："您用的那份材料最后3页的顺序有错，请用这份。"事后，领导背地里对他大加赞赏，但当领导要追查装订员的责任时，他主动当了替罪羊。后来，领导得知实情，对他更加赞赏。这叫"下台阶"，在一些紧要关头给老板下台阶，维护的不仅是老板个人的形象，更重要的是维护了单位形象，这也是亲近老板的好方法。

　　苏苏是办公室里最不起眼的人，不算漂亮，也没有什么特殊才干。但每年由领导亲批的年终奖，她都不会少，偶尔还能评上一次先进。无论公司的人事怎么样变动，苏苏都能成为领导的亲信和宠臣。苏苏记得刚进单位的时候，人事经理差她去买一份晚报。经理刚刚搬了新家，还来不及订报纸。苏苏二话没说就出去了。办公楼隔壁的邮局，晚报已经卖光了；再往前走过三两个报摊，也是同样情形；一直转到地铁站里，居然还是没有！结果，苏苏毫不犹豫地从路人手中花两元钱买来那份价值五角钱的报纸。从第二天开始，苏苏四点不到就会下去买一份报纸，放到经理桌上，直到他订了报纸。而一个高材生到楼下逛了三分钟，然后回经理一声"没有晚报"，你说经理更欣赏谁？

　　市场部经理是位40岁的未婚女子，喜欢逛街。她眼光挑剔，试一套衣服，总要左看右看、上看下看地照一刻钟镜子，然而还不肯罢休，最后还常常面对准备开票的营业员说："不要了！"苏苏常常陪着她一起遭受营业员的白眼。有一次陪她从南京西路逛到淮海中路，回过头来，经理还是觉得第一家店试的第一套衣服好，苏苏就再陪她走回头路。又一次，经理在一家内衣专卖店试胸罩，试了足足半个小时，以至苏苏急得问营业员试衣间有没有后门。逛街之后吃东西，两人的口味更是南辕北辙，苏苏照例是"随便"的，"随便"的结果当然不是没吃好就是没吃饱。

　　世事洞明皆学问，人情练达即文章啊。苏苏感叹古人总结得多么简洁、明了、精到。办公室里，如果没有特殊才华，如果不是老板嫡系，那么只有百"忍"成钢。

保持低调，不和上司抢风头

　　没有人喜欢让人超越，尤其是你的上司。有些自命不凡的人，总觉得自己的上司昏庸无能，觉得要是自己做上司会比他做得更好。要知道，做事千万别抢上司的风头，冒犯了他无疑是自寻死路，在这种时候你绝不能和你的上司抢风头，一定要让他知道你只不过是他手下的得力干将，必要的时候还要把荣耀的桂冠带到他的头上去，因为这才是一个双赢的策略，正所谓一荣俱荣，一损俱损。

　　网上曾广泛流传了一个员工对上司的守则：第一条，上司永远是对的；第二条，如果上司错了，请参照第一条。

　　这样的话听起来有些不讲道理，不过，职场上不讲道理的时候很多。

　　为什么在上司面前很难讲道理？原因很简单，因为他是你的上司。就因为这一点，你就是再有理也没理了，再有理的原因在维护他权威的面前也会变得软弱无力。你在大老板面前表现得比你的上司还出色，一般情况下会有两种结果：其一，假如你的上司很"君子"，他只会敲打敲打你："小子，别踩过线了，别想鸠占鹊巢。"其二，假如你的上司很小人，那么他会说："年轻人，好好表现。"你以为遇到了萧何，实际上他会暗中给你使绊子，一把让你摔到阴沟里。你疑问："上司不可能都是这种嫉贤妒能的人吧？"

　　不妨换位思考一下，你是上司，你的手下总是表现得比你强，你心里会不来气？你心里会不抓狂？你的上司和你一样，也是个凡人，他也要养家糊口，他也需要在老板面前表现出称职，他也需要保住自己的位置。你在老板面前抢他的风头，那就是威胁他的地位，那就是和他的饭碗过不去。你想，他能坐视不管吗？

　　一般情况下，没有领导会希望员工表现得比自己高明。所以，在领导面前不要表现得过分的精明能干。偶尔犯一点小错误，不但可以缩短你和领导间的距离，还可以让人感到你的"可爱"。

张新不管能力与绩效都是组织人才的上上之选，他的老板也很欣赏他，也跟其他主管夸奖过他如何如何能干。不过，最终张新还是被老板打发走了，原因就在于他的表现"功高震主"，让主管如芒刺在背，最后老板只能痛下"杀手"，把张新辞退了。

小娟大学毕业后，来到一家文化公司上班。这家文化公司在当地很有名气，所有职员都穿正装上班。小娟刚来到这儿时，还习惯每天穿休闲服，但是慢慢就觉得这么穿不大合适。于是，在一个周末，小娟就下狠心买了一套挺贵的套装。一穿上套装，公司里的同事看小娟的目光都和平常不大一样了，小娟也觉得穿着套装有职业状态。谁料，就是这身套装，为小娟惹来了尴尬。

一天，小娟跟着主管李姐去和一家企业谈业务合作的事儿。小娟想，出去当然不能给公司丢面子，她不仅穿上了套装，还特意化了淡妆，看起来很有气质。

洽谈会上，合作方经理看了看小娟，又看了看李姐，竟然毫不犹豫地先和小娟握手，然后才和李姐示意。小娟一时没有考虑合作方刚才握手时所代表的意思，还一如既往地和对方继续交谈。这下可好，接下来，经理无论是上茶、谈事、赠送小礼品，都把小娟当成了主管，而把李姐当成了随从。

看着李姐在一旁拉长了脸，小娟才意识到情况不妙，可是她转念一想，这时候解释岂不是更尴尬？好在合作意向快谈好了，干脆自己就当一回主角，把事情敲定了再说。于是小娟硬着头皮应付下来。她一边尴尬应付，一边偷看李姐的脸色，冷汗一直顺着脊梁往下流。

洽谈结束后，李姐走过来对小娟说："祝贺你啊，你今天的表现真是太出色了。今天要不是你，说不定合作的事就办不成了。哎呀，看来我是老喽，长江后浪推前浪啊。"

小娟正想解释："我，我，不是故意的……"

李姐回道："什么也别说了，我知道，我懂。年轻人嘛，这样做很好，很好，前途无量。"

此后，李姐再也没有搭理过小娟，小娟就这么坐了一个月的冷板凳。

其实这件事彻头彻尾都不是小娟的错，可是就像这种由别人的误会引起的事，也会让上司心怀不满。

所以不要太急于表现，锋芒毕露未必是件好事，做人切忌恃才自傲，不知饶人。锋芒太露易遭嫉恨，更容易树敌。功高震主不知给多少下属招致杀身之祸。与领导交往最重要的技巧就是适时"装傻"：不露自己的高明，更不能纠正对方的错误。你想想，你和你的直接上司的关系都搞不好，升职、加薪的好事还会轮到你吗？在你的上司面前，保持你的低姿态有利无害。

在领导孤立无援时要奉献忠诚

在领导陷于孤立无援的处境之中时，下属的忠诚是最珍贵、最让领导难忘的事情。因此，我们必须向领导表达自己的忠诚。

下面，我们简要地介绍一些技巧。

第一，不冷落领导。

领导受孤立或被处分，并不意味着他已不是领导，也不意味着他已没有前途。只要他没有明显的过失、触犯众怒，下属还是应该照常对待：相遇时主动打招呼、工作时积极配合。当众人散夫，只要你的态度并未因领导的荣辱而冷而热，自然会被领导看在眼中，暖在心里，以你为真君子，并暗暗感激你的宽容和支持。

第二，私下里多些鼓励和问候。

当领导被孤立或受处分时，其心情的苦闷是可想而知的，逆境使他尝尽人情冷暖，看清楚到底谁是真知己，谁是势利徒。这时，他尤其需要别人的安慰与支持，这种支持就像一只伸向他的手，把他求生的欲望重新燃起。这双手会令他终生难忘。

在私下里慰问你的领导，会大大增加你们彼此的感情。但是，你一定不要在公开场合这样做，因为在众人面前谈领导的尴尬处境是一个忌讳，即使你是善意，也会被认为是对领导的羞辱和嘲弄。

第三，出谋划策。

慰问和鼓励领导的确会密切上下级的感情，但却无助于问题的解决。如果你想在与领导的关系方面更进一步，成为其真正的"贴心人"，你就应该学会出谋划策，帮助领导走出困境。

此时的领导，心情是极端复杂的：懊悔、痛恨、悲凉、气愤、灰心……相互交织，这使他很难对自己的处境和出路作出一个正确的估计。而你作为旁观者，有独特的视角和聪明才智，所以，你不妨多为他出出主意。一旦他认识到你是在为他着想，你的确为他指明了一条明智的摆脱困境的方法，他将会对你大为欣赏。

第四，支持工作。

下属一定要学会区分领导的失意与领导布置的工作的关系。不要因为领导受孤立或处分，就敷衍了事，应付工作。

相反，下属应当一如继往地支持其工作，这既是对领导忠诚的一种表现，也是对工作负责的一种态度。特别是那些有上进心的领导，非常想尽快地干出成绩，摆脱困境或将功补过，这时他也最需要有人支持他的工作，对你的付出他定会心怀感激，暗记在心。

第五，患难与共。

"路遥知马力，日久见人心"。越是困难时刻，越能考验人的忠诚，忠诚才越显得可贵。对于那些英明能干、胸有大志的领导，即使是他处于厄运之中，下属也应忠诚地追随他。西汉末年，群雄争霸，刘秀亦是其一。刘秀创业伊始，势单力薄，往往是东躲西避以求生存，在南徙北移中损兵折将甚多。随从见他失利落魄，多斩断跟随多年之情谊，另谋高就，左右人员相继离去。在此困境中，唯有一个叫王霸的人深知刘秀是一位贤明有为之人，日后必成大器，于是便与手下心腹之士不畏艰难挫折，忠贞不二地追随刘秀。刘秀深为感动，说："颖川不从我者皆逝，而子独留努力，疾风知劲草。"由此，刘秀以王霸忠而委以重用。王亦不负使命，征杀疆场屡立奇功。刘秀平定天下后，王霸则被封为淮陵侯，位列开国"云台二十八将"之一，成为光武中兴的鼎力重臣。

学会激发领导的同情心

人都有恻隐之心，领导当然也有。求领导办事能否获得应允，有时恰恰是这种同情心起了作用。下属之所以找领导帮助，是因为在生活中出现了困难，比如经济困难、住房困难、子女就业困难等。找领导办事，说到底就是想让他们帮助解决这些困难。要想把事情办成，最好的方法就是把这些苦衷原原本本、不卑不亢地向你的领导倾吐出来，让他对你的境遇产生同情心，从而帮助你把问题解决掉。

要引起领导同情，就需要把自己所面临的困难说得合情合理，令人同情不已。所以，越是给自己带来遗憾和痛苦的地方，越应该大加渲染。这样，领导才愿意以拯救苦难的姿态向你伸出援助之手，让你终生对他感恩戴德。

要引起领导同情，还必须了解领导的个人喜好。他赞扬什么，批评什么，又愤慨什么，了解他的情感倾向和对事物善恶的评判标准。了解了这些，你就可以围绕着领导的喜好来唤起他的同情心。当引起对方感情的共鸣时，就一定会收到奇特的效果。

某市房地产开发公司新竣工了一幢职工宿舍，按照刘某的级别和工龄，他是分不到新房子的，但他确实有许多具体困难：自己和爱人、小孩挤在一间10平方米的房里，倒也还凑合，可他乡下的父母来了，就很不方便。"

刘某耐心地听爱啰嗦的主任数落完，才缓缓开口说道："常言说道：养儿防老。我父母就我姐弟俩，姐姐出嫁了，条件也不好，况且，在我们乡下，有儿子的父母，没有理由要女儿、女婿养老送终，这会被人耻笑的。我在响当当的单位，在你这位能干、有威信的领导手下工作。可是我现在，一家三口住一间平房，父母亲来了，连个睡觉的地方都没有。想把父母接到城里来，自己又没有条件；不接来，把两个年老体弱的老人丢弃在乡下，我心里时常像刀割般难受。我这心里，一想起我可怜的父母……"刘某说到这里，落下了伤心的泪水。

"小刘，可你的条件不够……"主任犹豫着说。

"我知道我条件不够，我也不好强求主任分给我房子。如果主任体恤我那年老多病的父母，分给我一间半间的，我就知足了。其实我父母来了，有个遮风的地方就行了。如果主任实在为难，我也不勉强，我明天就回乡下，把父母送到敬老院去。"

主任沉默不语。

刘某知道主任在动摇。于是又趁热打铁地说道："我把父母送敬老院，在乡人眼里，我将落下不孝的罪名，只是，我担心有人会说您的闲话，说您不体恤下情，说您领导的单位职工连父母都养不活。您是市人大代表，那些闲话有损您的威信的。"

"小刘，你不要说了，我尽量给你想办法。"

几天后，刘某拿到了一套两居室的钥匙。

由此可见，求领导办事可以在"情"上激发他。从上级曾经切身感受过的事情入手，在人之常情上下工夫，把自己所面临的困难说得合情合理，令人痛惜惋惜即可。

上级的同情心有时是诱出来的，有时是激出来的。如果上级对某个下属有成见，认为他水平很差，那么这个下属若要博得上级的同情，可能就是一件相当困难的事情了。人只有在没有成见的时候，才能产生同情心。

关键时刻挺身而出维护领导利益

人非圣贤，孰能无过。领导者既然是人不是神，决策就必然有失误之时。即使一贯正确，群众中也可能出现对立面。这时，也许有些人站在群众一边，同领导对着干，这可就糟透了。这样做无疑是掉进了晋升道路中难以自拔的陷阱。作为领导人，当最需要人支持的时候你支持了他，你就给了上司一个很大的人情，你们的关系就可以上升到一个新的层次。

因此，聪明的做法是，当领导与群众发生矛盾时，你应该大胆地站出来为领导做解释与协调工作，最终还是有益于群众利益的。实际上，上级与下属的关系是十分微妙的，它既可以是领导与部下的关系，也可以是朋友关系。诚然，领导与部下身份不同，是有距离的，但身份不同的人，在心理上却不一定有隔阂。一旦你与上级的关系发展到知己这个层次，较之于同僚，你就获得了很大的心理优势。你也可能因此而得到上级的特别关怀与支持。甚至，你们之间可以无话不谈。至此，是否可以预言，你的晋升之日已经为期不远了。

某公司部门经理于雷由于办事不力，受到公司总经理的指责，并扣发了他们部门所有职员的奖金。这样一来，大家很有怨气，认为于经理办事失当，造成的责任却由大家来承担，所以一时间怨气冲天，于经理处境非常困难。这时秘书刘彦站出来对大家说："其实于经理在受到批评的时候还为大家据理力争，要求总经理只处分他自己而不要扣大家的奖金。"听到这些，大家对于经理的气消了一半儿，小刘接着说："于经理从总经理那里回来时很难过，表示下个月一定想办法补回奖金，把大家的损失通过别的方法弥补回来。其实这次失误除于经理的责任外，我们大家也有责任。请大家体谅于经理的处境，齐心协力，把公司业务搞好。"小刘的调解工作获得了很大的成功。按说这并不是秘书职权之内的事，但小刘的做法却使于经理如释重负，心情豁然开朗。接着于经理又推出了自己的方案，进一步激发了大家的热情，很快纠纷得到了圆满的解决。小刘在这个过程中的作用是不小的，于经理当然另眼相看。可见，善于为别人排忧解难，对于更好地工作的确是有利的。

在日常工作交往中，很可能会出现这样的情况，某件事情明明是上一级领导耽误了或处理不当，可在追究责任时，上面却指责自己没有及时汇报，或汇报不准确。这时就应该有个妥善的方式去处理。

某机关部里下达了一个关于质量检查的通知后，要求各省、地区的有关部门届时提供必要的材料，准备汇报，并安排必要的下厂检查。某市轻工局收到这份通知后，照例是先经过局办公室主任的手，再送交有关局长处理。这位局办公室主任看到此事比较急，当日便把通知送往主管的某局长办公室。当时，这位局长正在接电话，看见主任进来后，只是用眼睛示意一下，让他放在桌上即可。于是，主任照办了。然而，就在检查小组即将到来的前一天，部里来电话告知到达日期，请安排住宿时，这位主管局长才记起此事。他气冲冲地把办公室主任叫来，一顿呵斥，批评他耽误了事。在这种情况下，这位主任深知自己并没有耽误事，真正耽误事情的正是这位主管局长自己，可他并没有反驳，而是老老实实地接受批评。事过之后，他又立即到局长办公室里找出那份通知，连夜加班加点、打电话、催数字，很快地把所需的材料准备齐整。这样，局长也愈发看重这位忍辱负重的好主任了。

主任明明知道这件事不是他的责任，而又挺身而出，闷着头承担这个罪名，背这个"黑锅"。很重要的一点就在于，这位主任知道，必要的时候必须为上司背黑锅。这样，尽管眼下自己会受到一点损失，挨几句批评，可到头来，自己仍然会有相当大的好处，事实上证明他的做法和想法是正确的。因此，关键时刻挺身而出是做足领导人情的一个非常好的手段，更为自己铺了一条后路。

离上司的私人世界远一点

上司的私人世界，属于他的特定空间的保护范围，一般不会希望外人介入，即便是他的亲人也不例外，何况你只是个"小兵"。除非他的私人生活触犯了法律，即使是这样，那也是警察该管的事，轮不着你去干涉。

小叶在主管手下做事，小叶做事干练，他们俩配合十分默契，有时经常在一起加班，一起回家。总之，比起其他员工来讲，他们的关系相对来说要近一点。当然，他们的关系仅限于工作关系。

有一天，小叶下班回家，走下楼时发现自己的房门钥匙忘带了，于是她转身回公司，远远地看见主管办公室的灯还亮着，她心里想，该不是主管又在加班吧。她又想起主管加班总是忘记吃饭，于是，她就顺便买了一份盒饭带回去给主管。

小叶跑上楼，拿好钥匙，就轻声轻脚地来到主管的办公室。她一推开门，只见主管正和一个女人抱在一起，顿时，大眼瞪小眼，别提有多尴尬了。小叶当时愣住了，一时不知所措。主管问小叶："我下班了，你有什么事吗？"小叶才结结巴巴地说："我回来拿钥匙，顺便给你捎了一份盒饭。"主管不好意思地说了声："小叶，谢谢你啦，还有什么事吗？"小叶这才意识到自己该走了。小叶说了声："对不起，打扰了。"然后落荒而逃，下楼时还扭伤了脚。

第二天，小叶一瘸一拐地来到办公室，她心里忐忑不安，生怕主管为昨天的事生自己的气，她瞄了一眼主管的座位，发现主管竟然不在，小叶心里反倒轻松了不少。可是，刚坐了不一会儿，她又听别的同事议论起主管来。

"听说主管和他的女朋友昨天下午大吵了一架。哎，主管真是不幸，他女朋友好不容易来一趟吧，弄成这样，恋爱和事业难两全啊。"

"照理说，两个人久别重逢，应该恩恩爱爱才对啊，怎么一来就吵架呢，真搞不懂是怎么回事。"

"离得远了，主管肯定耐不住寂寞，说不定主管'夫人'发现了什么端倪，比如闻到了某种特殊的香味，或者发现了长头发，据说女人对这种东西特敏感。嘿嘿，主管的日子不好过啦。"

小叶越听越头皮发麻，难道真是自己的愚蠢行为……小叶几乎不敢往下想，谁叫自己在错误的时间干了件"错误"的事呢。

当天下午，主管回到公司，拉着一副铁青色的脸，好像世界所有人都欠了他的钱似的。这种情况可从来没有过，谁也没敢跟他打招呼。可是小叶心里难受，不知道是不是应该向主管问问情况，可她又不敢开口。

那天下班后，小叶小心翼翼地来到主管面前，低着头说："主管，我真的不是有意的，我不知道当时是那种情况……"主管倒是在宽慰小叶："这个事跟你没关系，她只是找借口跟我分手。你赶紧回去吧，别有什么心理负担。"

虽然主管没有怪罪于她，可小叶心里久久不能释怀。从此以后，小叶心里多了一个心眼了，再也不敢乱闯别人的私人世界了。

上面讲述的案例是小叶的无心之过闯入上司和其女友的私人世界，结果事情闹得不可收拾。这个事情当然不能苛责小叶，但可以从小叶的事情里学到教训——即使你是好意，也一定要谨慎行事。下面的故事讲的就是因为下属的不知趣而触怒上司的故事。

袁小茹刚进公司做公关部主管，除了工资，就没享受过另类待遇。一个偶然的机会，她得知行政部主管赵平的手机费竟由公司买单，这让她很不理解!想那赵平天天坐在办公室里，从没见过他用手机，而自己还经常出差，不时要用手机联系客户，一想到这儿，她觉得太不公平了。"凭什么就他能报通信费？不行，我也要向老板争取!"

于是袁小茹借汇报工作的机会，向老板提出报销手机费的申请。老板听后很惊讶，说整个公司不都没有报销通信费吗？

"可是赵平就有呀!他的费用实报实销，据说还不低呢。"

老板听了沉吟道："是吗？你的问题我会考虑的，先等我了解一下再说。"

这"一了解"就两个月过去了，袁小茹还没得到老板的回复。按说老板不回复也就算了，而且袁小茹每月才一百多元钱的话费，争来争去也没什么意思。可是偏偏她不喜欢被别人区别对待，见老板没动静，她又生气又愤恨，终于忍不住和同事抱怨，却被人家一语道破天机："你知道赵平的手机费是怎么回事？那是老板小蜜的电话，只不过借了一下赵平的名字，免得当半个家的老板娘查问。就你傻，竟然想用这事和老板讨价还价，不是往枪口上撞吗？"

袁小茹听了之后吓出一身冷汗，暗暗自责不懂天高地厚!怪不得老板见了自己总是不理不睬!从此她再也不敢提手机费的事，看赵平的时候也不眼红了。

袁小茹由于自己的不知趣触怒了上司，差点影响了自己的前途。由此可见，年轻人要聪明点，不要干涉上司的隐私。

邓盈是一个性格十分开朗的女生，来到新单位没多久，就成了办公室里的"开心果"。一天，她和同事下班回家，看见上司的车里坐了一个年轻漂亮的女孩。第二天邓盈就在办公室里大声公布了她的新发现。两天以后，上司把她叫到办公室，告诫她以后在上班时间少说与工作没有关系的事。邓盈闷闷不乐地回到自己办公的地方，让她伤心的是，没有一个人过来安慰她。

后来，邓盈逐渐发现，其实办公室里除了她，别人几乎很少说与工作无关的话，更别说提及别人或自己的私事了。这样一来，只要邓盈不开口说话，办公室里几乎是死气沉沉的。邓盈不明白，为什么同事之间的关系那么冷漠，处事都那么小心谨慎。

现在知道了吧，同事都不敢说的事，就邓盈一个人敢说，结果遭批评的就只有她一个。

可见与上司保持适当的距离是十分必要的，上司的私事与你无关，知道上司的隐私会使你陷入尴尬的境遇，甚至使你成为众矢之的，不但上司会介意你的举动，就连公司的人也不愿跟你走得太近，你要尊重上司的隐私，切不可犯类似的错误。下面是几点与上司相处的原则，记住这些谨防踏入雷池。

1. 减少单独在一起的时间。比如吃饭、逛街、去俱乐部、一起回家等。

2. 减少开玩笑的机会和次数。频繁的玩笑会让别人以为你们的关系已是非常亲密。

3. 不要牵扯到上司的生活里，如果他经常需要你帮忙做一些私事，最好还是找个站得住脚的理由，巧妙回绝为佳。注意千万不要窥视领导的家庭秘密、个人隐私。你可去了解上级在工作中的性格、作风和习惯，但对他个人生活中的某些习惯和特点不必过多了解。

4. 不要在上司的办公室里一谈就是半天，哪怕是为了工作，以免给他人留下"你是他的心腹"的印象。其实你不妨用报告或E—mail的形式汇报工作和提出建议。

5. 千万不要和异性上司有被人认为是不清不白关系的行为。

6. 了解领导的主要意图和主张，但不要事无巨细，明了到他每一个行动步骤和方法措施的意图是什么。这样做会使他感到，你的眼睛太亮了，什么事都瞒不过你。那么他工作起来就会觉得很不方便。

7. 上司之所以不愿意与部属关系太密切，主要是顾忌到私人关系、私人感情超过了工作关系，那就会对领导产生不良的影响。其次，他担心你对他的思想感情，包括个人隐私过分了解，这样他就会降低威信。同时，任何领导在工作中都要讲究方法，讲究艺术，讲究一些措施和手段，如果员工把一切都知道得一清二楚，这些方法、措施和手段，就可能会失败。无论什么时候，认清这几点，你就知道应该如何把握自己与上司的距离。

不要踏入雷池，离上司的私人世界远一点。

第十一章

应对下属，让下属心悦诚服

领导的最主要任务就是充分调动下属的积极性，齐心协力来达成自己的目标，成就一番事业。因此，一个领导必须学会聚人心、收人心、集人力，这样才有可能完成预定的任务。让下属对你心悦诚服，尽心尽力，这是一种激励下属的最有效的方法，也是成就你事业基础的最有力的手段。

做下属的知心人

所谓"贴心"，简单地说就是"体贴的心"，一种主动关怀对方的心和被动倾听对方心声的心，就是在感情上和他交流，这么做，对方会感受到一种温暖而不是压迫。如果你对他的心思也有所了解，那么不可表现得太多，也不可表现得太深，而且应针对无关紧要的事来表现，其他的事，装做"鲁钝"好了。而为了"鲁钝"的必要，有时候还是在恰当的时刻表现你的鲁钝，也许他会对你的鲁钝不以为然，但对你却是绝对的放心；不过，在态度上仍要表现出和他的"贴心"，否则你和他的关系也会产生变化。

在单位里，常常听见有的领导抱怨："唉呀!也不知是怎么搞的，我的下属们整天怨气冲天，好像总也不满足，一会儿嫌钞票挣少了，一会儿又抱怨工作没意思，反正这也不是，那也不行，似乎外面的世界哪儿都比这儿的好。"也常常听见下属们在一起窃窃私语："唉呀!我们的大多数领导也不知整天在忙乎什么，怎么这么安排工作，也不替我们想想。"于是乎领导叹息：现在这世道，人是越来越难管了，我整天都快累死了，他们却在一旁无动于衷，好像什么事都是我一人的。这种现象的存在恐怕不在少数，究其原因，领导应负主要责任。

要知道管一群人，可不像摆弄一个物件那么简单，主要的　点：人是有感情的动物，不是一发指令他就会丝毫不差地执行。管理作为一门科学，有其共性的规律性的东西，但其中非规律性的，可以供你发挥的地方太多了。

一个有远见的领导就在于能够审时度势，利用现有的条件，达到预期的目标。这中间极其重要的一点就是能将自己的意图通过各种方式，让下属接受，变成下属的行动指南，带领下属一起干。前面抱怨下属的领导就是没有很好地与下属沟通，彼此之间互不了解，各想各的事，各干各的活，谁也没少干，可在对方的眼里是谁也没干好。

不少单位的中高层领导常常说："我也特别希望知道下属们在想些什么，可是让他们说，谁也不开口，也不知道如何去了解他们的心态。"真是，如果在街上一个人径直向你走来，冷不防冒出一句："唉，你想什么呢？"恐怕任何人不但不搭理他，还会觉得这人有毛病。岂不知"酒逢知己千杯少，话不投机半句多"，人心里的秘密怎么能对谁都诉说呢？

领导者的一个十分重要的职责就是与下属交朋友。有些人可能要说：朋友岂有能随便交的？要知道，作为一个领导或管理者就应该学会与不同性格、不同年龄、不同层次的人交朋友，至少应能在某一方面做到这一点。

人这种动物，感情色彩十分浓厚，想想如果能与下属无拘无束地谈上　两个小时，那还会有什么布置不下去的。所以我们说上司能与下属交上朋友，这就是最好的精神激励手段，它能充分调动员工的工作热情和创造性，实际上这时你作为领导，并没丧失什么，反而多了一个朋友，多了一条路。

有些领导把大量时间和精力花在"看上"上，而不重视，甚至极少"看下"。须知，这种态度是极为有害的。因为真正决定你成败的不是某个上级，而是你的下属。你有必要调整一番"感情投资"。只要在你与下属建立良好关系，在团队内部形成一种和谐的气氛时，你的团队才可能获得长足发展。所以，作为上司的你千万要记住：家"和"才能万事兴。

可是，有时上司却对此不屑一顾。

有的上司认为与下属交心是懦弱的表现，他们认为作为领导者应该有驰骋于"疆场"纵横杀"敌"、一往无前的战将风范，或者有以口舌雄辩于"疆场"，将各个敌手斩落于马下，而捧着胜利品凯旋而归的儒将气度。

这当然是一个理想的上司形象。但是，上司在前线如此骁勇，没有下属在后方为他筑起的坚固"后防"行吗？

当年的"西楚霸王"如何，其英勇有谁能抵？他不也是纵横无敌、城必攻、敌必克吗？到头来，乌江自刎，又是为什么？你不能说他不勇敢，也不能说他武艺不精。毛病就出在他所信奉的"以力征经营天下"的信条上，他没能笼络住下属的心，得不到下属的忠心拥戴。结果身首异处，为后世惜。

鉴于古事，你作何感慨？

有的上司也许以为与下属交心属小事，不值得他去费多少心思。

谬也！上司与下属的关系，密切联系着团队与员工的关系。很难想象，一个对上司存在厌恶情绪的员工会为团队的存在和发展披肝沥胆。可以说，员工对于团队的前途起着至关重要的作用。

要想团队取得好成绩，就必须让员工信任上司；上司要赢得下属的信任，就必须学会体会下属的用心。

俗话说"知人知面不知心"，可见，想完全了解别人的心思是何等困难。作为上司，你不可能一下子把员工的全部心思都了解透彻，这需要一个过程，一个在不断解决矛盾中逐渐积累认识的过程。

有的上司一见员工出了差错，就着急，就发火，便把员工鼻子不是鼻子、脸不是脸地狠训一顿。这样，上司消除了一腔怒气，但对于员工而言，无疑会加上一副格外沉重的枷锁。这种处理方法不能解决问题，甚至可能带来更严重的后果。

遇到这种事，脾气暴躁的上司要格外小心，切莫一时逞性子而坏了大事。

你首先要做的是作一番调查研究，看看员工出现如此失误究竟是何原因。这样，你才能做到"有的放矢"，不致于盲目蛮干。

如果员工的确是出于一片好心，他为了公司着想，只是不小心才把事情做糟了，没能达到预期的效果。例如，他为了赶任务，不想让公司因为自己速度慢而受到损失，于是他便加班加点，结果出现了操作失误。这时，员工心里肯定是很委屈的，同时，他也一定在责备自己，他随时准备着接受你的批评。如果这时你不调查不研究，粗暴地猛训他一顿。那么，即使他心中承认自己有失误，也会对你的这种做法大为不满，从而产生抵触和逆反心理。他会认为你是"把好心当成了驴肝肺"，在以后的工作中他不再会为团队而"自找苦吃"了。

更重要的是，这种做法不仅严重挫伤了当事员工的积极性，而且会影响到周围的员工，使周围员工的积极性也不同程度地受到损伤。久而久之，这类事情发生多了，整个团队员工的上进心、积极性都消失了，你这个团队也就到了该解体的时候了。

遇到这种情况，你应该心平气和地与对方谈话，逐渐消除他的紧张心理和严重的自责情绪。同时，你也应当明确地对他这种为团队着想的工作态度予以肯定。

你要让他明白，你这个上司是充满人情味儿的，绝不是一个"六亲不认"的无情无意的"冷血人"。

你可以轻松地告诉他："假如我是你，我也会这么做的。"你与员工的心理位置尽可能对换一下，把你为他设身处地着想的意图明确地告诉他。这样，受此激发，员工也会自然而然地为你去着想，他会想："假如我是上司，我会如何如何。"这样，就会平衡员工的心理，使员工在不受到外力压迫的情况下，在以后的工作中会更有效地督促自己努力，为公司发展作出自己更大的贡献。

这样做的另一个好处就是激励了其他员工的积极性。通过这件事，其他人会明确地接收到一个信息：只要为团队着想，终会受到领导的赏识。于是，人们的积极性和创造精神被空前地调动起来，个个为了团队发展，人人为了把事业搞好而努力。万众一心，何事不成？

用真心打动下属

做足人情的最高境界就是获取对方的心，让对方能够对你的事尽心尽力。做足下属的人情也一样，是为了获取下属的心，让他对你要做的事能够当成自己的事。要想达到这种效果，最直接的方法就是用你的真情打动下属。

战国时期的名将吴起，就是一个办事的高手，他很懂得收揽人心。有一次，军中一位士兵生了脓疮而痛苦不堪，吴起看到这种情况，俯下身去用嘴巴把脏兮兮的脓血吸干净，又撕下战袍把这个士兵的伤口仔细包扎好。在场的人无不为大将军的举动所感动。

这位士兵的老乡后来将这事告诉了士兵的母亲，老人听后大哭不已。别人以为是感极而泣，老人的回答却出乎意料。她说："其实我不是为儿子的伤痛而哭，也不是为吴将军爱兵如子而哭。当年，吴将军用类似的做法吸取过我丈夫的脓血。后来在战争中，我丈夫为报将军的恩德，奋勇作战，结果死在了战场上，这次又轮到我儿子。我知道他命在旦夕了。我为此而哭。"

老妇人从自身以往的经历中，知道这种做足人情、收揽人心的办法。可以让人为他献出生命，做到让士兵感到自己是他的"知己"，在人心收揽上就达到一种很高的境界了。

春秋时期的晋国，有位名叫豫让的勇士。他先后辗转投靠了几个主人，却得不到重用，直到投靠了知伯，才得到厚爱，将其视为知己，寝食同行，情如手足，豫让大为感动。后来知伯与赵襄子互相争斗，想扩大自己的权势，可是实力不如后者，被赵襄子弄得家破人亡。豫让决心以刺杀赵襄子来报答知伯。可是谋事不密，被赵襄子捉住，赵襄子知道豫让是为主人效命，没有立即杀他。豫让说："我自己谋事不密，今天落在你手中，此乃天意，我不会请求你放过我，因为我活下来，唯一的目的就是要刺杀你。"赵襄子默默无语。于是豫让提出要借赵襄子的衣服一用。赵襄子有些惘然，但最后还是脱下衣服给他。豫让拔剑在手，然后又在赵襄子的衣服上挥了几下，口中大叫："我已替知伯报仇了。"说完后就横剑自杀了。

正是知伯的真情打动了豫让，才能使豫让舍身相报，足见以真情感人的威力。

当初刘备三顾茅庐，均遭到诸葛亮的怠慢，因为诸葛亮想以此考察刘备有无招贤纳士的诚意和虚怀若谷的美德。当刘备心志专一、谦恭下上的品德深深打动了诸葛亮的心之后，这位隐居山野的"卧龙"先生，便欣然接受了刘备的邀请，出山助他振兴汉室。

因此，你若想做足下属的人情，让他心甘情愿地帮你办事，最好的方法就是用真情收买下属的心，这样对方才会死心塌地地为你办事。

在不经意间关怀下属

　　每个人都有自己的尊严，而且都希望别人能看得起自己。领导对下属关心，对下属投注感情，尤其是对下属私事方面的关怀与照顾，可以使他们的这种尊严得到满足，甚至让他们感激涕零，誓死效劳。因此，让下属的尊严得到满足，是做足人情的一大法宝。

　　为官者大都深知通过感情投资来做人情的奥妙，不失时机地付出一些感情投资，对于拉拢和控制部下为自己办事往往会收到异乎寻常的效果。

　　韩非子在讲到驭臣之术时，只说到赏罚两个方面，这自然是主要手段，但还不够，有时两句动情的话、几滴伤心的眼泪往往比高官厚禄更能打动人。因此，感情投资，可谓是一本万利，是一种高明的统治术。

　　有许多身居高位的大人物，会记得只见过一两次面的下属的名字。在电梯上或门口遇见时，点头微笑之余，叫出下属的名字，会令下属受宠若惊，感到被重视。

　　蒋介石对于这种领导手段的运用，可谓达到了炉火纯青、登峰造极的程度。蒋介石很懂得利用人情世故收买人心，他对下属的字、号、生辰八字、籍贯记得一清二楚，很善于利用别人的生日大做文章，使下属每每感到受宠若惊。他为了掌握下属的情况，专门搞了一本小册子，册子上记录着师级以上官员的字、号、籍贯、生日、喜好、亲戚等一些基本情况。少将以上的官员他都要请到家里吃饭，饭后总要合一张影作为留念。这些做法无疑大大抬高了下属的身价。

　　雷万霆在调任他职时，蒋介石召见了他，并说："令堂大人比我小两岁，快过甲子华诞了吧？"雷万霆一听，眼泪都快下来了，激动地说："总统日理万机，还记着家母的生日！"蒋介石宽慰他说："你放心地去吧，到时我会去看望她老人家，为她老人家增福添寿。"雷万霆看到蒋介石如此器重、关心和赏识自己，自然死心塌地地为蒋卖命。

还有一次，蒋介石的头号秘书陈布雷过50岁生日。陈布雷是一个既不爱官又不贪财的知识分子，对待这种人，蒋介石也有自己的手段。在陈布雷过生日的当天，蒋介石为他写了"宁静公远，淡泊明志"8个字，并附记："战时无以祝寿，特书联语以赠，略表向慕之意也。"这样几个字，成了陈布雷最好的生日礼物。正是这种意想不到的关心体贴抓住了陈布雷的心，他决心终生侍奉蒋介石，最后在极度失望中自杀。不肯弃暗投明，也可以称作是蒋介石的铁杆追随者了。

善于给下属意想不到的关心是蒋介石的重要领导手段。正是这种才能的力量才使蒋介石虽不能"将兵"，却能够"将将"，获得了许多人的支持，这也是他能够在国民党统治那么长时间的重要原因。

多与下属联络感情

要做足下属的人情，领导者应当学会对下属做感情投资。只有在情感上抓住了下属的心，让他对你产生信赖感，才能调动起下属的工作热情。当然，感情投资应该是长期的，而不能只做表面文章或只保持三分钟热度。"路遥知马力，日久见人心"也是这个道理，大多的感情投资需要较长的时间才能结出果实。所以，在日常工作中，管理者不可错过任何与下属联络感情的机会。

（1）下属请你聚会，不要找借口拒绝

老板并不总是老板，跨出了公司的大门，你就要做大家的伙伴、无私的盟友，这样才能与下属打成一片。因此，当下属请你参加工作之外的聚会的时候，最好不要拒绝，因为这是增加了解下属与他们进行沟通的大好时机，同时，你的参与，也能让他们感觉到你对他们的重视和尊重。

有这样一个例子：中秋节的前一天，小李和同事们约好晚上去吃饭，他们准备叫经理一起去。"张经理，今天晚上，我们几个同事约好去聚一下，请您一起参加。"小李笑容可掬，充满期待。可是张经理以有事为由，拒绝了。

从此之后，张经理再也没有接到类似的邀请，他也没有放在心上，但总觉得部门的气氛别扭多了。有时，他明明听到下属们正在热烈地讨论什么事情，但只要他一进去，气氛立刻冷却下来。平时也没有什么轻松的插曲，大家正襟危坐，他也想说些亲切的话，但回应他的总是一张讪讪的笑脸。张经理不明白，问题正出在他的拒绝上。

当下属请他聚会的时候，他没有表示应该去和很想去，也没有提出充分的理由，说明他为何不能去，只说忙，显然是借口，根本不能让下属信服，所以，年轻下属便以为他是在摆架子。自然，这些下属也就不会再有和上司亲近的感觉和愿望了。虽然你是他们的上级，但他们只是对你敬而远之。

（2）记住下属的生日，当他生日时送上真诚的祝福

管理者要记住员工的生日，在他生日时向他祝贺。生日这一天，一般都是家人或知心朋友在一起庆祝，聪明的管理者不会忘记这是进行感情投资的好机会，给员工送上一个蛋糕、一束鲜花，即便是一张贺卡，也能温暖员工的心，让他们感受到浓浓的人情味儿。

（3）员工生病时，领导不忘亲自探望

员工住院时，管理者一定要亲自探望。某公司一位普通的员工住院了，管理者买了礼物亲自去探望，他说："平时你上班的时候感觉不出来你的重要性，现在公司突然之间少了你，就感觉工作少了头绪。安心养病，大家都盼着你早日康复呢!"一句话说得这位员工暖融融的，他想自己对大家还是很重要的，原来公司还是需要自己的。不用说，身体康复之后，对工作一定会更加努力。

但是并不是所有的管理者都会记得去探望下属的，当下属在医院里发现管理者没有来探望自己的时候，这对他来讲不亚于一次打击，在心里难免会嘀咕："我干了好事他只会没心没肺地假装表扬一番，现在我病了他也不会放在心上，真是没良心。"

（4）关心员工的家庭

温馨的家庭对于员工至关重要。如果没有家庭作后盾，员工是无法安心工作的，所以管理者对员工家庭的关心，会让员工更加感动。

玛丽·凯深深懂得，家庭是员工的支柱，是后备力量。1983年，她得知公司一机械师的兄弟患了致命的癌症，就给他写了一封信，并附了一首诗，在信中鼓励他振作起来，勇敢面对病魔。玛丽·凯的做法令这个机械师及家人非常感动，这位机械师说："我的家庭是我的后盾，总裁这么关心我的家人，我一定全身心投入工作，以此对总裁表示感谢。"

（5）当下属卖力工作的时候，适时送上你的爱心

青年人比尔被阿瑟·利维录用，给他研制闭路电视，比尔干劲十足，一上任便一头钻进了实验室，一直干了一星期，在这期间，他有一连40多个小时没有离

开过实验室的纪录，甚至连吃东西都是请人送进去的。

就这样持续了一段时间，后来他实在撑不住了，就在床上睡了一天一夜，当他醒来时，一眼就看到利维坐在他的床边。利维感动地望着比尔，并拉着他的手说："我宁愿不做这种生意，也不能拿你的生命做代价，搞研究的人不少都是英年早逝，我真的希望你能控制自己的工作量，你的心意我领了，即使研究不成功，我也不会对你有任何埋怨的。"他的话，让比尔非常感动，心理上也发生了极大的变化，他不再只为工资，为个人生存而工作了，而是把研制新产品当成了他和维利的共同事业。不到半年，闭路电视便研制成功了，这为利维公司的发展打下了非常好的基础。

（6）在细节上关心员工

如果管理者善于在许多看似平凡的时刻，或者在一些不引人注意的细小事情上，体现出自己对员工的关怀，一定会收到意想不到的效果。

美国斯凯特朗电子公司总裁阿瑟·利维创业初期，在资金严重不足的情况下，为了研究一种新的显像管，雇用了国内首屈一指的著名物理学家罗森博士。罗森博士对利维非常欣赏，认为他眼光远大，做事雷厉风行，更让他感到激动的是利维平时对工作人员的体贴入微。

他之所以有这样的观点，和一件事情有关。有一天夜里，天上雷雨交加，大风不止，又碰上停电，到处漆黑一片。虽身为物理学家，却很怕黑夜、打雷。此时的罗森口下得直发抖，并在床上缩成一团。了解到情况的利维冒雨跑进博士的居室将他抱住，并不断安慰他，这样，利维陪他整整一夜，直到来电、天气转好为止。从此以后，不管什么情况，在利维需要他的时候，罗森都会主动跑去为他效力。这就是在细节上关心别人所带来的结果。

（7）当员工有一些特殊需求时，尽量满足他

任何人都会有些私事，如果时间恰好与工作时间相冲突，尤其是在下属提出了请求的时候，管理者应尽量满足他。

在襄泰克公司工作的卡路斯说："我刚来这里工作两天时，我哥哥要举行婚礼，我不得不请假。没有想到，公司批准我休假一周，而且是带薪休假。"他感慨地说："要是在原来的公司，我这么请假，不会得到任何薪水，而且很可能因

此而失业。"由于公司的人性化管理，使下面的员工工作热情高涨，整个公司的氛围也非常好，可见，如果公司能为员工着想的话，结果是多么可观。

（8）抓住欢迎和送别的机会，表达对下属的赞美

调换下属是常常碰到的事情，粗心的领导总认为不就是来个新手或走个老员工吗？来去自由，愿来就来，愿走就走。这种思想很不可取。

下属调走时，彼此相处已久，疙疙瘩瘩的事肯定不少，此时用语言表达领导的挽留之情很不到位，也不恰当。而没走的下属又都在眼睁睁地看着要走的下属，心里不免想着或许自己也有这么一天，领导会怎样评价自己呢？此时领导者如果高明，不妨做一两件让对方满意的事情以表达惜别之情。

在人际交往中，感情是必不可少的因素，人情是相互间建立良好关系的润滑剂。聪明的管理者都十分注重感情投资。当然，光会说一些漂亮话是不够的，还要配合实际行动，在一些细节上不失时机地显示你的关心和体贴。

容忍下属所犯的小错误

当事业处在最关键、最需要用人的时候，领导者必须容忍下属所犯的小错误。这也是一种做足下属人情的好方法。

乔治·史密斯·巴顿是一位举世闻名的美国传奇将军，他却把自己的成功归功于一些人对他的容忍上。这不是开玩笑，而是他说出了自己的心里话。

巴顿是个个性刚强、脾气暴躁的人，他的行为常常超出了人们的想象。1944年8月，盟军虽已在诺曼底成功登陆两个月，但却被德军围困在诺曼底的"灌木篱墙"地区而动弹不得，此时，巴顿带领其第三集团军一举突破了死气沉沉的胶着状态，挥师围攻了布勒斯特，并占领了卢瓦河上的勒芒市，打破了别人未能打破的"灌木篱墙"。这时立了头等功的巴顿成了人们心目中的英雄，但是，他的个性却不时地考验着上司的容忍性。

在战争中，他屡次与上司的意见相左，甚至发生拍桌子的事。他的上司从战争利益出发，不得不原谅他，容忍他，因为只要巴顿能打胜仗，被他顶撞也就算不了什么了。在一次突破莱茵河的战役中，巴顿为了加速进攻步伐，竟不惜一切代价、不择手段地搞油料。他授意其部下冒充兄弟部队到友邻那里冒领油料，甚至采取偷窃、抢劫的手段把友邻的油料搞到自己手里，作为集团军司令，他竟自己开着仅剩最后一点汽油的吉普车到上司那里强行要加满油箱。

他的这些越轨行为无疑使他的上司大为恼火，但是他们考虑战争利益，只能容忍着，不对他过多的谴责，正是这容忍，让巴顿不受干扰地取得莱茵河战役的胜利，一举突破了德军防线，从而为美国陆军争了光，上司特别高兴。等到战争结束后，巴顿的上司才提出他的某些行为有失检点。

战争中，巴顿将军曾和摩洛哥及法国投降德国的维希政权的人频繁交往，这可是政治问题啊，华盛顿的高层首脑很气愤，但是没有处分他，更没有把他从前线调遣回来，这些政治家们知道巴顿是一张厉害的牌，战争的胜利离不开他，所以他们容忍着，对他的行为装作不知道。

有一次，在盟军完全占领德国后，巴顿将军参加了盟军的阅兵式，苏联将领出于对这位美国名将的尊重与钦佩，派联络军官和一名翻译来邀请他参加他们举行的宴会，巴顿对来人发起脾气，大声吼道："你们去告诉那个俄国狗杂种，根据他们在这里的表现，我把他们当成仇敌，我宁愿砍掉脑袋，也不同我的敌人在一起喝酒！"

他的话把身边的翻译震住了，不知怎么翻译好，而巴顿却命令他必须一字不漏地翻译出来。这几乎酿成了一次非常不愉快的外交事件，因为当时美苏均为同盟国的主力，为了消灭法西斯，罗斯福、斯大林、丘吉尔费了很多的努力才结成同盟，可是罗斯福还是容忍住了，他向苏联领导人解释，说巴顿以顶撞上司为乐趣，但他对法西斯的仇恨是强烈的，所以可以保证，他在战争中会发挥重要作用。

还有一次，他竟动手打了两名土兵，这一次惹怒了一些国会议员，他差点受到军事审判，他的上司艾森豪威尔庇护了他，他也更多的想到战争的需要，才免于了追究。

直到后来，巴顿的成功被人们广泛宣传和鼓吹的时候，他才道出了自己的心里话，如果不是一次次被上司容忍着，他不会有今天，也早已没有率兵打仗的资格，当然，上司的容忍是针对战争的需要，并对巴顿的军事才能充分了解的基础上的，否则，容忍只会是姑息、怂恿，必将影响战争的胜利。

因此，容忍下属所犯的小错误，让下属放心去做事并以此来达成自己的目标，也是一种做足下属人情的好方法。

说话时时刻刻替下属着想

从下属的立场出发，把下属放在心上，说话时充分替下属着想，是做足下属人情的一种有效的方法。

作为上司，你用命令的语气说话，等于把下属的身份贬低，甚至是践踏了他的尊严。反之，如果用"请教"的语气给下属分派工作，无形中是抬高了对方的地位。一位低职员工说："领导有次对我说，'这些都需在下午之前装进盒子里，打上标签，装进货箱后运车库。等你做完了，还有些别的事需要你的帮忙。'然后他就走开了。这让我感到自己是程序中重要的一环，既然领导相信我能做好，我就要证明自己能做好，不让他失望。"

在生活中，有许多人都注意到了对朋友、同事及陌生人这方面的礼节，但又很遗憾地忽略了在上、下级之间同样需要客气。有人认为，最佳上司的一个条件是尊重下属的劳动，哪怕是倒一杯水、打印文件一类的小事，最好都要致谢。韩明是酒店的大堂经理，但他常对服务生说"辛苦你了"、"谢谢你"、"麻烦帮我换张床单"等客气话，使服务生们觉得自己很受尊重，所以工作热情很高。

"只有先把自己放在别人脚下的人，别人才会把你捧在头上"。睿智的人懂得这个道理，说话时会替对方着想；愚昧的人为了炫耀自己比对方了不起，才会以在言语上贬损他人为乐。

当你所处的地位比对方高时，要格外留意说话的口气。如果校长能亲切地向学生说"你们的身体真棒啊"，经理能体恤员工说声"大家辛苦了"，客人能向服务生说声"麻烦你了"，岂不令听者心情为之振奋。对领导而言，一句客气话不费吹灰之力，却能达到百利无一害的结果，你何不为之？即使对方为你服务是应尽的义务，然而一句客气话却能使他对你更为心悦诚服。

难说的话不说是不行的，关键是委婉、诚恳，尽量减轻对下属的打击。有些话虽然并不过分，也并没有什么不正当的意图，但当领导的还是很难出口。比如说，告诉下级被降职了，解雇了；下级辛辛苦苦拟好的计划书，却被你否定了，下级向你提出了一个好的建议，而你却由于疏忽大意或过于工作繁忙忘记审阅了，下级向你催问时，你该如何回答？

（1）降级通知时说话要委婉

有时候，公司人事调动，下级被降级，或是调到分公司，或是委派他去干一些棘手难办的事，总之不再受到领导的重视。领导这时有责任通知他，并且要耐心安抚，尽量使他能保持积极愉快的心情前往新的岗位就任。千万记住，不要用伤感情的字眼。下级被降职，心里本来就非常不痛快了，领导再用词不当，甚至恶意地嘲讽对方，无异于是给下级怒火上再浇一盆油。

（2）变更计划时说话要委婉

首先要说的问题是，要更改已经通过的计划，如何向下属说明？万万不能对下属说："不关我的事，都是经理一人说了算，我也没办法!"

这样把责任转嫁给上级，自己暂时没有问题了，但却会使对方对经理产生怨气。或者，一旦下级明白你是在推卸责任，肯定会对你产生极大的反感，你自己的威信也肯定会受影响。

也不可为了防止下级反对，而用高压手段制止对方开口。这样做会使下级心里留下疙瘩，对你不满，也会对工作不满。所以你用高压手段是最不明智、最不可取的做法。

正确的方法应情理兼容，善意地说服下属，才能使对方真正地心服口服，不会丧失工作的积极性。

（3）提案被耽误时说话要委婉

作为领导，应该重视下级的提案，尽管这提案没有可操作性，也不可伤害下属的积极性。有的上司满口答应"看一看"，而过了一段时间后，还是没有看。而下级既然递交了自己的提案，就希望得到一个完满的答复，于是一些人会问领导："那个提案，您看过了吗？现在办得怎么样了？"

在这种情况下，作为领导应该直率地告诉下属："对不起，我这段时间很忙，实在没有时间细看，不过一周之内会给你一个满意的答复的。到时候我通知你。"

在约定时间之前，领导要主动答复下级。下级一定会被领导的主动热情所感动。尤其是如果答复是否定的，与其让下级追问理由，不如由自己主动找对方加以说明，表示领导的确认真对待了他的提案，是有诚意的，而不是草草应付了事。

如果提案需要递交更高一级的领导，而上一级的领导态度不明确，以至于没有确定结论时，此时领导最好能居中说明立场，表示自己已经递交给了上级，却久久没有回音，不得已而催促上级时，所得答复却是否定的。这时要详细说明，千万不能敷衍。

第十二章

应对同事，赢得他的好感

　　同事是我们工作中每天必须面对的人，只有与同事和睦相处，互帮互助，合作共赢，我们才能在自己的岗位上做出应有的成绩，取得更大的成就，否则就会让自己寸步难行，工作也不可能做得出色，因此，我们必须赢得同事的好感，获得同事的信任，让同事为你帮忙而不帮乱。

做个受人欢迎的好同事

人们所处的任何圈内，能否处理好与同事的关系，会直接影响你的工作。许多人为人处事很懂得做人情的技巧，他们在与同事的交往中不用花言巧语，却能赢得大多数人的喜爱。这些人有很强的号召力，却总是态度谦逊，做事从容，应对得体，从不感情用事。其实，说起来这也并没有什么太多的秘诀，只是他们遵循了做人情的原则，掌握了与人良好沟通的技巧。

其实，只要我们为人正直，用心并努力，做个受人喜爱的同事并不是很难的事。根据行为专家的忠告和众多人提供的经验，我们不妨从以下几个方面入手。

（1）乐于从老同事那里吸取经验

那些比你先来的同事，相对来说会比你积累了更多的经验，有机会时不妨聆听他们的见解，从他们的成败得失里寻找可以借鉴的东西，这样不仅可以帮助自己少走弯路，更会让他们感到你对他们的尊重。尤其是那些资历比你长，但其它方面比你弱一些的同事，会有更多的感动，而那些能力强的同事，则会认为你善于进取，便会乐于关照并提携你。生活中常常会看到这样的事例，有些人能力强，可在单位里，自视清高，不买那些老同事的账，弄得老同事很反感，而这些老同事毕竟根基深厚，方方面面都会考虑他们的意见，结果关键时候你会因此受挫，这不能不引起重视。

（2）对新同事提供善意的帮助

新到的同事对手头的工作还不熟悉，当然很想得到大家的指点，但是心有怯意，不好意思向人请教，这时，你最好主动去关心和帮助他们，在他们最需要得到帮助之时，伸出援助之手，往往会让他们铭记终生，打心眼里深深地感激你，并且会在今后的工作中更主动地配合和帮助你。切不可自以为是，把新同事不放在眼里，在工作中不尊重他们的意见，甚至斥责，这些态度都会伤害对方，从而使对方对你产生厌恶感。

（3）用自己的性别优势关心异性同事

如果能利用自己性别上的优势去帮助异性同事，会得到他们的好感。不能否认，两性各有各的长处，比如男性较有主意，更能承受艰苦劳累的工作，也能更理性地分析并解决问题等等；而女性呢，则显得比较有耐心，做事细心有条理，善于安慰人等等。尽管只是同事，并不是在家里，但每个人也渴望得到同事们的关心和理解，若能善于发挥自己的长处，对异性同事多些关心和帮助，如男性多为女同事分担一些她们觉得较为吃力的差事，女性多做些需要细心的工作，多为工作环境的优美做些事。这些并不难，效果却很好，对方对你所给予的关心与支持打心眼里感激，将你视为可以信赖的好同事。

（4）适当"让利"，放眼将来

有些人与同事的关系不好，是因为过于计较自己的利益，老是争求种种的"好处"，时间长了难免惹起同事们的反感，无法得到大家的尊重，而且他们总在有意或无意之中伤害了同事，最后使自己变得孤立。事实上，这些东西未必能带给他们多少好处，反而弄得自己身心疲惫，并失去了良好的人际关系，可谓是得不偿失。如果对那些细小的、不大影响自己前程的好处，多一些谦让，比如单位里分东西不够时少分些，一些荣誉称号多让给即将退休的老同事等，再比如与其他人共同分享一笔奖金或是一项殊荣等，这种豁达的处世态度无疑会赢得人们的好感，也会增添你的人格魅力，带来更多的"回报"。

（5）让乐观和幽默使自己变得可爱

如果从事的是单调乏味或是较为艰苦的工作，千万不要让自己变得灰心丧气，更不可与其他同事在一起怨声叹气，而要保持乐观的心境，让自己变得幽默起来。如果是在条件好的单位里，那更应该如此。因为乐观和幽默可以消除彼此之间的敌意，营造一种亲近的人际氛围，并且有助于你和他人相处轻松，消除工作中的劳累，那么，在大家的眼里你的形象就会变得可爱，容易让人亲近。当然，要注意把握分寸，分清场合，否则会讨人嫌。

只要你以真诚的态度注意从以上几个方面去努力实践，做足同事的人情，同时在工作时保持做人的正义感，就会成为让人喜欢的好同事，并得到一个好人缘。

重视同事之间的应酬

做足同事的人情，一定要高度重视同事之间的应酬。

生活中的应酬，是一门人情练达的学问。为人处事，同事之间有许多事需要应酬：张三结婚，李四生日，王五得了贵子，马六新升了职务，这些事要躲当然也能躲开，但别人会说你不懂得人情世故。善于社交的人，常常会伸长耳朵来打听这一桩子事，帮人凑份子、送礼请客，皆大欢喜。为什么？因为他把日常生活中的应酬看作是一门人情练达的学问。

应酬是一门社交艺术，只有善用心思的人，才能达到联络感情的目的。

一位同事生日，有人提议大家去庆贺，你也乐意前行，可是去了以后发现，这么多的人，偏偏来为他贺岁，为什么不在你生日的时候也来热闹一番？这就是问题所在，说明你的应酬还不到位，你的人际关系还有欠佳的时候。要扭转这种内心的失落，你不妨积极主动一些，多找一些借口，在应酬中学会应酬。

比如你新领到一笔奖金，又适逢生日，你可以采取积极的策略，向你所在部门的同事说："今天是我的生日，想请大家吃顿晚饭，敬请光临，记住了，别带礼物。"在这种情形下，不管同事们过去和你的关系如何，这一次都会乐意去捧场的，你也一定会给他们留下一个比较好的印象。

重视应酬，一定要入乡随俗。如果你所在的公司中，升职者有宴请同事的习惯，你一定不要破例，你不请，就会落下一个"小气"的名声。如果人家都没有请过，而你却独开先例，同事们还会以为你太招摇。所以，要按约定俗成来办。这是请与不请、当请则请的问题。

重视应酬，还有一个别人邀请，你去与不去的问题。人家发出了邀请，不答应是不妥的，可是答应以后，一定要三思而后行。

对于深交的同事，有求必应，关系密切，无论何种场面，都能应付自如。

浅交之人，去也只是应酬，礼尚往来，最好反过来再请别人，从而把关系推向深入。

能去的尽量去，不能去的就千万不能勉强。比如同事间的送旧迎新，由于工作的调动，要分离了，可以去送；来新人了可以去欢迎。欢送老同事，数年来工作中建立了一定的情缘，去一下合情合理；欢迎新同事就大可不必去凑这个热闹，来日方长，还愁没有见面的机会吗？

重视应酬，不能不送礼，同事之间的礼尚往来，是建立感情、加深关系的物质纽带。

同事在某一件事上帮了你的忙，你事后觉得盛情难却，选了一份礼品登门致谢，既还了人情，又加深了感情。同事间的婚嫁喜庆，根据平日的交情，送去一份贺礼，既添了喜庆的气氛，又加深了自己的人缘。像这种情况，送礼时要留意轻重之分，一般情况到了就行了，千万不要买过于贵重的礼品。

同事间送礼，讲究的是礼尚往来，今天你送给我，我明天再送给你，所以，不论怎样的礼品，应来者不拒，一概收下。他来送礼，你执意不收，岂不叫人没有面子？倘若你估计到送礼者别有图谋，推辞有困难，不能硬把礼品"推"出去，可将礼品暂时收下，然后找一个适当的借口，再回送相同价值的礼品。实在不能收受的礼物，除婉言拒收外，还要有诚恳的道谢。而收受那些非常礼之中的大礼，在可能影响工作大局和令你无法坚持原则的情况下，你硬要撕破脸面不收，也比你日后落个受贿嫌疑强。这叫做"君子爱礼，收之有道"。

巧妙地伸出援助之手

同事之间免不了互相帮帮忙，你对这种事情应该采取什么态度呢？平常我们总说"助人为乐"，但是怎样助人，才能真正做足人情，并被双方接受呢？

只要是人，都会有善、恶之分，但是在圈子里交朋友却不可以如此任性，最好是一视同仁地与他们打交道。

同事之间要能同甘共苦。"今天如果不加班的话，工作是怎样也赶不完的!"若能对他这么说的话，那位加班同事的内心该多么感激啊!今天我帮你忙，明天也许变成你帮我忙了，这种情形在工作上也是经常发生的。

所以同事之间，在有困难之时应该互助，形成一个"合作圈"。有这个合作圈之后，当圈内的任何一位同事必须加班时，突然来了一位客人，连茶都没人倒，当然也可以由合作圈的同事代为倒茶，或是有困难时大家都一起为他帮忙。但是身居合作圈中，如果只管接受别人的服务，而不考虑帮助他人的话，这个合作圈便马上会垮掉。因此，不要忘了"礼尚往来"这句话，这才是合作圈得以形成并持续的秘诀!

工作认真、乐于助人的你，终日忙得团团转。因为除了本身的工作，你还是"清道夫"，对其他同事的要求援手，一概接纳。

但不妨检讨一下，这样做，是否经常弄得你透不过气来，甚至要超时工作？如果达此程度，奉劝你应该重新估计自己的能力和态度了。

谁都需要休息，要是你没有停下来喘息和"加油"的时间，对本身的工作肯定有坏处。其次人是不能娇惯的，长久做"好人"，人家是不懂珍惜的，即是说你可能是辛苦了自己，却吃力不讨好。所以给同事帮忙要恰到好处。

　　当然不是叫你一反常态，只顾自己，而是请你预先分析一下，那一件工作需要花多少时间，自己的能力和精力又可以承受多少工作。别以为自己是超人。没有人可以长期在巨大压力下工作的。请解放自己。

　　即使你确实有剩余时间，不防"择人而助"，那就是研究一下哪种工作可以让你学到新技巧，或在人际关系上有好处。否则，请婉转地拒绝吧。

　　同事意欲另谋高就，且坦白向你要求作其介绍人。这位同事跟你颇为默契，甚至视你为"好友"，所以你不能袖手旁观。

　　然而，在伸出援手之余，请注意自己的身份。

　　对工作不满意的，是你的同事，不是你，所以，你是绝对不值得为此给自己的工作造成坏影响。即使插手，也得聪明点、理智点。

　　首先，同事仍服务于公司，你若给他介绍工作，等于跟公司作对，即使老板不怪你，要是有人拿此作话柄，在背后中伤你，多少对你是不利的。如果刚巧确有份工作十分适合这同事，不妨考虑以下方法：请公司以外的第三者给同事作介绍人，就是两全其美之策了。

　　当然，若同事已离开公司，即已不是你的同事，他以朋友身份向你求助，你就可以放开手去协助他了。因为没有了利害关系、同事关系，许多问题都不会发生，你要伸出援手，对你和他都是有益无害了。

　　不知是什么原因，你的同事竟然在公在私均十分依赖你。"没有你，我真不知怎么办？"同事就常公开这样表示。你千万别沾沾自喜，因为这绝不是一个好现象。试想，别人会怎样想？以为你控制他别有妙法。何况，同事永远不能"站起来"，对你或多或少是一种障碍，你俩只会一起停留在原职位。你实在有必要终止同事处处依赖你的情况。

　　若是疾言厉色，或十分公式化，或公然地向对方表示，你不会待他如过去的迁就，请他凡事自己决定和实行。这样，当然会弄巧成拙，对方一定以为你嫌他烦，或是要独自邀功，对你的好印象当即打折扣。

　　不妨婉转和间接一些。例如对方要求你照例伸出援手时，你可以打趣地说："其实这件事很简单，你一定可以应付自如的，被我的意见左右可能不妙。"这番话是间接地提醒他：一个成功人士，必须独立、自信。何况，这样说一点也不会损及彼此的情谊。

不错，同事间是有义务在紧要关头兼做他的工作的。但不是紧急事，而且大多数上司们是不会同情只关心私事的下属的。不妨这样推掉对方的要求："你打算怎样处理那份报告书？我手头上还有三个计划书，恐怕在未来几个礼拜都无法腾出时间帮你了。"

切记！不要强调你将不会伸出援手，而是将责任交回他手上，令他不要误会有你作后盾。要是对方以将来代你工作为交换，可以提议对方先向上司请示，这样等于避免了直接下决定。

你如与对方讨论，千万别显得愤怒，只说："你准备怎样去进行任务？那可以成功完成吗？"这样，就能将对方的注意力转移到工作上，又不会损害到双方的良好关系。

遇到有同事向你借钱，应该怎么办？请先观察情况，此人是否经济拮据？又是否不会如期还钱？还有，他在同事间的信誉是否不好？

要是答案全是否，大概这位同事确实有燃眉之急，作为朋友，帮上一个忙是应该的，而且你不必多方追问，只要伸出援手，并安慰道："不必忧心，我的能力可以应付，你尽管办你的事吧！"

如果答案刚好相反，此人则是不知自爱，起码也是理财无方，值不值得帮忙，就要看你与他的交情了。

同事之间，需要以诚相待

某机关接到上级分配的植树任务，机关几十名同志都主动承担一些，唯有几位"老调皮"，任凭主任怎么在政治上动员都不愿认领任务，搞得主任很难堪。

下班了主任把这几位"老调皮"叫到办公室，轻声地说："我只讲最后一遍，我现在很为难，请你们帮个忙。"奇怪，刚才态度很强硬的几个"捣蛋鬼"听了这句话，纷纷表示："主任，我们不会让你为难了！"说完立即回去认领自己的那份任务。

一句充满人情味的请求话，比通盘大道理更有说服力，看来人还是比较重情义的。主任用请求的话打动了他们，那几位"老调皮"就乖乖地担起了自己的任务。

与同事进行交往，托同事办事也是一样，态度一定要诚恳，要动之以情，晓之以义。

需将事情的前因后果、利害关系说个清清楚楚。要说明为什么自己不办或办不了而去找他。总之，由于同事对你知根知底，你的态度越诚恳，同事也就越不可能拒绝你。

同事之间，关系微妙，个性差别很大；同事之间，只有以诚相交，才有可能在关键时刻帮得上你。

人的个性千差万别，但有一种共同的品性就是真诚。真诚的最低要求是不说谎，不欺骗对方，但在复杂的社会和人际活动中，目的和手段要有一定的区别。医生为了减轻病人的痛苦，以利于治病救人，往往隐瞒病情，编造一套谎话说给病人，这样才能使病人早日康复。它表现的不是虚伪，而是更高、更深层的真诚，是出于高度的社会责任感的真诚。只有智慧、德性和能力达到高度统一的人，才能表现出这种深层次的真诚美。

情与义就是一种真诚，同事相交需要真诚！

日本大企业家小池曾说过："做人就像做生意一样，第一要诀就是诚实。诚实就像树木的根，如果没有根，树木就别想有生命了。"

这段话也可以说概括了小池成功的经验。

小池出身贫寒，20岁时就在一家机器公司当推销员。有一个时期，他推销机器非常顺利，半个月内就跟33位顾客做成了生意。之后，他发现他们卖的机器比别的公司生产的同样性能的机器价格高。他想，同他订约的客户如果知道了，一定会对他的信用产生怀疑。于是深感不安的小池立即带着订约书和订金，整整花了5天的时间，逐门逐户地去找客户，然后老老实实向客户说明，他所卖的机器比别家的机器价格高，请他们废约重订。

这种诚实的做法使每位客户都深受感动。结果，33人中没有一个与小池废约，反而加深了对小池的信赖和敬佩。

诚实真是具有惊人的魔力，它像磁石一般具有强大的吸引力。其后，人们就像小铁片被磁石吸引似的，纷纷前来他的店购买东西或向他订购机器，这样没多久，小池就成为"钞票满天飞"的人了。

所以，与同事交往时，一定要以情与义作为基础，否则很难成事。

主动向自己的同事示好

商场上的人都知道和气生财、以和为贵，同事间的相处也一样，只有大家和和气气地相处，才能在各自的岗位上取得更大的成就，如果同事间每天都为各自的观点和利益争吵不休，那谁也不会有太大的进步，最终的结果只能是两败俱伤。

为了改善与这种同事的关系，你应当主动向这些同事示好，尽量增加与其联络感情的机会，以和为贵，做足你的人情。

比如有一位同事，他与你合作一个项目，他心底里原来对你十分不满，不但对你非常冷漠，有时甚至你跟他说话，他也不理不睬。

既然他对你的敌意十分明显，那么在这种情况下，你就不能佯装不知了，而应当主动向对方示好，你可以在其他同事不在场的情况下问他："我究竟有什么不对呢？"一般情况下，他会冷冰冰地回答你："没什么不妥。"此刻，你也许觉得自己是自找没趣，不知该如何是好，其实你完全可以巧妙应对。

既然他说没有不妥，你就乘机说："真高兴你亲口告诉我没事，因为万一我有不对的地方，我乐意修补。我很珍惜咱俩的合作关系。一起去吃午饭，如何？"

或者，邀他与你一起吃下午茶，开心地跟他天南地北地聊一番。总之，尽量增加与他联络的机会。友善的对待，对方是怎样也拒绝不得的！

要想增加与对方联络的机会，并以此来逐渐化解对方的敌意，除了一起吃午餐或下午茶等，你还可以在其他时间与他经常交流。比如，可以从业余兴趣方面着手。

总之，在加强同有敌意的同事的联络时，你应当表现得主动、友好，而且自然。

与同事合作，你需要真心诚意

在日常工作和生活上，每个人都有自己的个性特点。

对别人的短处，应该宽容，并给以真心的合作而避免挖苦，也不要以严厉的态度对待别人，这样往往容易遭到别人的怨恨。宽以待人，真诚地与同事进行合作，才能做足人情，打动人心，处理好同事关系。

阿明和阿胜同在一家公司工作，关系比较融洽。

不过，有一次，领导要他俩互相配合办一件事情。

阿明没与阿胜商量，就武断行事。结果原本应配合做的事，让阿明一人给做了。阿明认为一个人就可以做，自己代做就行了，免得阿胜费力。而阿胜却觉得阿明没有将自己放在眼里，便指责阿明了。

阿明心里不舒服，觉得自己做了事，还受到指责，有点冤。结果两人的关系就这样僵了，本已办得差不多的事情，结尾时却因两人不合作而给办坏了，还受到了领导的批评。

而阿英和阿丽是某公司同一科室的同事。阿英做事泼辣，但有一个坏毛病，便是丢三落四。同科室的同事，都不大喜欢她的办事方式。阿丽做事勤快，办事缜密、稳重，深受大家的喜欢。

有一次，业务经理准备马上送一份文件给某公司经理，得知阿英外出办事时顺路，便让她带过去。但粗心的阿英却把文件遗忘在办公室。

当阿英办完事要送文件时，发现文件遗失。正急得团团转，阿丽及时给她带来了文件，让她交给了该公司的经理。

原来，阿丽发现阿英把文件遗忘在办公室时，知道这份文件是那家公司急着要用的，便马上帮她把文件带来，避免了公司的信誉受到损害。

事后，阿英感激阿丽帮了自己的忙。阿丽说不用谢，这是我应该做的，然后才婉转地告诫阿英要注意克服粗心大意的毛病。

阿英心悦诚服地接受了批评，并保证以后加以改正，不再犯类似的错误。

阿英和阿丽还约好，以后互相提醒，避免再出现差错。

从此，她俩成了一对好朋友。

这两个故事由于处理方法不同，带来截然不同的结果。阿丽在同事工作出错，遇到麻烦时，能真心帮助同事，并以宽容之心对待他人，结果做足了人情，赢得了友谊，增强了同事间的团结。